自己流プレゼンテーションの落とし穴

プレゼンあるある
勘と経験と我流を斬る40の法則

はじめに

　プレゼンテーションを成功させたいとはだれしも思うことです。そのために完成したばかりの企画書を読み込み、スライドプレゼンのための準備を行い、模型や試作品を用意し、慣れないリハーサルを行う。大変な時間とエネルギーを使って苦手なプレゼンを行うのも、ひとえに売り上げのため、会社のため、自身の実績や評価のため。このような毎日を繰り返すにつれ、もっと自然体に、普通に、余計なことを考えずにプレゼンができるとどんなに楽か…と考えるようになります。

　本書はそんなビジネスパーソンや、日頃何気なくプレゼンターとして登壇している皆さんがつい忘れがちな、ごく当たり前のような先入観や、自身が気づかない怠慢さに注目して書いたものです。

　「自身のスタイル」や「経験」にこだわると、それが時として致命的な失敗や、自分自身が成長するときの阻害要因になることがあります。「自己流」とは自分自身が最も安心できて心地よいスタイルのことでもあります。それを個性的だ、あるいはユニークだなどと、あたかも前向きな評価を得たように錯覚しますが、残念ながら、それはあなたのプレゼンテーションが「聞き手に寄り沿っていない」ことの裏返しです。

　本書にあげた40項目のそれぞれの前半は、つい考えてしまう間違った状況（Case）を書いています。そのまま読むとその通

り、自分もそうかもしれないと思うような場面を設定しています。それを受けて後半には、当たり前のような思考を少し止めて、意識改革のための考え方（**法則**）を書いています。聞き手にストレスを与えていないか、心地よく聞いてもらえるか、満足感を提供しているか…少しだけ立ち止まって考えてみましょう。

　今日、「コロナ禍」を経験した中でその必然として「オンラインプレゼンテーション」が頻繁にみられるようになりました。対面とはまた違ったスキルが求められます。熱意やメッセージの内容に加えて「通信」や「映像と音声」といった技術的側面にも配慮する必要が出てきました。おそらくコロナが収束したとしてもこのオンラインは定着するでしょう。本書はこの点にも触れ、オンラインプレゼンテーションで失敗しないような注意事項を付加しています。

　対面でもオンラインでも、最も大切なことは聞き手の立場を尊重し大切に思うことです。本書に書いたすべてのエピソードはこの一点に収斂します。だれしも二流のプレゼンターなど最初から目標にはしません。しかし我流にこだわり何も意識改革をしなければ、いつしか見事な三流プレゼンターに格下げです。そうならないよう、本書を通して自身のプレゼンテーションに向けた姿勢を改めて問いなおしてほしいと思います。

自己流プレゼンテーションの落とし穴　目次

プレゼンあるある　勘と経験と我流を斬る 40 の法則

プレゼンあるある
勘と経験と我流を斬る
40の法則

プレゼンテーションの目的は
あえて確認する必要はない。

　昨日の部内会議で、得意先のA社から新たな企画提案の要請を受けた、と報告があった。このところわが社への「指名」が多い。ありがたいことだが、その分細かな要望もあるのでちょっと難儀している。しかし企画提案を辞退するわけにはいかないという状況だ。

#1　部長、来月のA社への商品企画プレゼンはどうしますか？

#2　せっかくだから、参加はしないとな。武本くん、きみが担当してくれよ。

#1　趣旨がよくわかってないんですけど。

#2　それは営業がわかってるから心配ない。今回もうちに声をかけてくれたし、相手の顔を立てる意味でもともかく参加しておこうよ。

日常的なプレゼンテーションで、わかりきった目的を毎回の
ように確認するのは時間の無駄である。場合によっては何のた
めにやるのか、容易に想像できるではないか。そうでなくとも
プレゼンテーションはやらねばならない。現実はいちいち目的
を確かめる時間などないのだ。計画のスタート段階ではむしろ
発表手法やメンバーの顔触れ、企画書作成とプレゼンの担当、
経費処理などを心配するのが先だ。そうして一刻もはやくアイ
ディアの議論をスタートさせることで提案内容が充実する。は
じめにアイディアありき、とは諸先輩がよく言ったもので、内容
さえよければ、プレゼンの目的や主旨はほとんどかすんでしま
うことを知っておこう。

目的を確かめずに
プレゼンテーションをしていませんか？

　目的のないプレゼンテーションはありません。単なるよもやま話や放談は、聞き手の心的な変化を求めたり、特定の行動へ誘導する意図的な働きかけがないのでプレゼンテーションとはいいません。また愚痴や独白も、同情を得ることはあるでしょうが、結果的にそうなるかも知れないのであってそれは当初の目的ではないのでこれもプレゼンテーションではありません。プレゼンテーションは聞き手の心理や態度に変化をもたらすことを目指しています。目的をもつことは必要条件なのです。プレゼンテーションは目的によって次のように分類することができます。

（1）情報伝達型：月例報告、業務連絡、学会発表、新製品発表会、ある種の講演、授業などがこの例。

（2）説得型または同意形成型：企画競合における売り込み、プロジェクトの提案、選挙の立ち会い演説、募金活動のためのスピーチ、議会の論戦など。

（3）セレモニー型：企業の周年記念式典での社長の講演、大学の入学式での学長の講話、甲子園野球大会での大会委員長挨拶など。

（４）動機付け型：営業本部長挨拶、交通事故撲滅を目指す県警本部長訓示、研究チームへのリーダーのスピーチなど。

（５）エンターテインメント型：聞き手を楽しませて、幸福な時間を提供するためのプレゼンテーション。聞き手の気分を一定の方向に変化させ心地よい安堵感を与えたり、リラックスさせたり、あるいは抱腹絶倒の高揚感を与えたりする。

　皆さんのプレゼンテーションはこのいずれかに当てはまるでしょう。大切なのは分類することではなく、目的を明らかにすることによってそれを達成するための「攻め方の基本方針」を検討し、最もふさわしい手法を選択することにあるのです。ほとんどのプレゼンテーションは上記の個別の目的に対して副次的に、いくつかの目的が組み合わされます。たとえば情報伝達型に分類される企業の新製品発表会は、お披露目の形式を通した紹介に留まらず、その中にはエンターテインメントの要素もあるし、売り込みのための説得的な側面もあります。目的が曖昧なままでは、すべての準備作業のよりどころがないのと同じです。目的を理解していない自分勝手なプレゼンテーションでは聞き手がこちらの土俵に上がってくることはありません。主旨と目的の確認はプレゼン計画の第一歩です。

Case 02 企画書や報告書の内容は細大もらさず説明しよう。

　印刷会社から企画書が納品された。およそ1か月かけて検討してきた成果として、立派な装丁のものができた。かなり詳細まで書き込んだチームの自信作。だれかがニヤッとしながら…「これ、手にとるだけで熱意が伝わりますよ」と言った。

#1　50ページもあるかあ。かなり気合の入った企画書ができたのでこれは大丈夫だ、いけるよ。

#2　ページを追って説明すれば間違いなく理解してもらえますよね。

#1　そうだなあ。企画書の流れを大事にして、できるだけ細かく説明しよう。

#2　ちょっと早口になるかもしれませんが、それは仕方ないですね。上田さん、頑張ってください。

何のために多くの時間をかけて企画書を作成したのか。その熱意と情熱とを伝えるためには1ページたりともおろそかにはできない。企画のすべてはチームの努力の結晶であり、仕事を勝ち取りたいという思いに満ち溢れている。このプロジェクトに参画したメンバーのためにもそれぞれの担当ページを省略することなく、きっちりと説明しよう。時間がないときには概要でもよいが、少なくともページを飛ばすのは雑すぎる。話すスピードが少し速くなるが、聞き手の手元には企画書があるのだから、あまり気にすることはない。何よりもページを追って丁寧に説明することに意識を集中しよう。

法則:02　企画書のすべてを説明しようとしてはいけません。

　あなたは50ページの企画書を５分で説明できるだろうか。100ページに及ぶ報告書を営業会議で与えられた10分で説明できるだろうか。プレゼンテーションに時間的な制約はつきものです。所与時間が限られているからこそ、おのずと内容の適切な選択と絞り込みを迫られることになります。この「絞り込み」の必要性は誰もが指摘するし、誰もが分かっているはずです。企画書や報告書に書き込まれたすべてを説明するとどうなるでしょう。

（１）何が重要事項で、何がそうでないのか分からなくなる

（２）企画や報告の特徴が不明確になる

（３）聞き手に過剰な情報がもたらされ、消化不良となる

（４）情報が多い分、印象の持続性が薄れる

（５）何が話題の中心なのか分からなくなる

一般的に自分が関わったプロジェクトには、格別の思い入れがあり、ことに責任者として推進し、なおかつプレゼンターとして喋るとなれば余計に力も入るでしょう。企画の全てが愛おしいし、完成した膨大な厚みの企画書を手にしたとき、目次から最後の参考資料に至るまで、熱っぽく語り尽くしたい気持ちにもなるでしょう。実はこの企画への愛情と熱意が、同時に明快かつ密度の濃いプレゼンテーションの大きな障壁ともなるのです。

　時間内で企画内容を万遍なく紹介するのは、漏れのないプレゼンテーションである反面、印象の希薄な結果となります。説明が平たんになると企画に携わったスタッフの想いもまた単調であると推測されます。内容の絞り込みはプレゼンテーションの密度を高め、企画の要点を明確に際立たせるのです。

　目次にそってプレゼンテーションを行なっていると、つい頭でっかちになることがあります。後半がスピードアップし、しり切れトンボになって結論が不十分なまま終わってしまう。重要な点をくり返せなかったといった経験はないでしょうか。内容に優先順位をつけて、さして重要でない要素は思いきって切り捨てる。それぞれの企画項目を担当したスタッフへの気遣いもあるでしょうが、企画を売り込む、競合に勝つという目的のためにはより高次の判断を行い、話題の「絞り込み」によってプレゼンテーションの精度を上げることを優先すべきです。

Case 03 発表内容の時間配分は あまり気にすることはない。

　企画書には与件の確認からはじまり、市場調査と分析、企画の基本方針などを、いわゆる「前置き」として書いた。それなりに時間をかけて企画の前提となる事項を整理したつもりだ。当然、プレゼンもその部分を削るわけにはいかず、しっかりと説明したが…。

＃１　後半にしわよせがきて結論を端折ってしまったなあ。

＃２　でも、全体的に盛り上がったと思いますよ。押せ押せの
　　　強さがあったなあ。

＃１　自分が作った企画だから、スタートからつい喋りすぎた
　　　かもしれない…。

＃２　導入部分はもうちょっと簡潔でもよかったかもしれませ
　　　んが、取り組み姿勢がしっかり伝わりましたよ。

物事には勢いというものがある。最初に時間配分を決めておくと、会場の雰囲気や自分自身の「ノリ具合」で話が盛り上がっても途中でやめなくてはいけない。これではせっかくの流れが途絶えてしまう。もしチームとして前段に力を入れたと思うなら、それは強調しなくてはいけない。時間の配分は、ある意味で提案者の力点がわかるというものだ。そして内容が充実していれば多少の時間オーバーは問題ないし、聞き手も大目にみてくれる。時間を超過してはいけないとは、一概に言えない。盛り上がったプレゼンは、聞く方も時間経過が気にならないものだ。

　主催者から「時間ですのでまとめていただけますか」と言われてから最後のまとめをすればいい。このくらいの気持ちの余裕こそが、プレゼンテーション全体の安堵感を増す。

発表の時間配分を
いい加減にしてはいけない。

　大学では単位認定を兼ねた卒業論文の発表会が行われることがあります。持ち時間は10分や20分など大学や学部によってさまざまですが、審査を受ける学生は自身の研究論文をもとにプレゼンテーションを行います。しかしこの集大成発表のために相当の準備を行ってきたにも関わらず、終わった後は反省しきりです。時間配分の問題も多く、「後半にしわ寄せがきて結論部分を急いだ」、「導入部分にもう少し時間をとってテーマを解説したかった」、「思ったより時間がなかった」などはよくある反省点です。

　企業における大きなプロジェクトでは数百ページに及ぶ計画書もあります。計画書の目次を見ると、章立てがしてあり、それは計画推進に必要な事項やプロジェクト実施の流れ等を考慮して構成され、それぞれの章、節に相応しい内容とページ数が割り当てられています。そのページ数の割合は重要度や主張の強さのバロメーターでもあり、単なる筆の勢いとは根本的に意味が違うのです。

　プレゼンテーションでは、どんな巨大プロジェクトの報告書も、数ページの企画書も、あるいは単純なテーマの講演会でも、所定の時間の中に内容を適切に配置しなくてはなりません。配置とは小テーマの順序でありプレゼンテーションの構成です。話の順序は比較的容易に決まりますが、問題は各要素に費やす時間です。時間配分に「標準」はありませんが、ビジネスプレゼ

ンでは次のような注意が必要です。

（1）いきなり本題に入ることなく、導入の時間をとること。聞き手の関心を本題に誘導するための大切な時間である。時候の挨拶やスタッフ紹介に長々と時間を割くのは無駄である。

（2）聞き手の興味と関心事に速やかに持ち込み、十分だが冗長にならない時間を確保すること。いきなり結論を話すか、「焦らし」の効果を前段にはさむかは相手次第。

（3）企画書の冒頭に与件、社会背景、調査、データの検討などが書かれていても、そのままのボリュームで説明することはない。いわゆる「あたまデッカチ」の印象が強くなる。

（4）ポイントと結論をくり返す時間を必ずとる。くり返しは重要事項の刷り込み効果に有効である。

（5）提案の最大の見せ場には、多くの時間とエネルギーを投下すること。

　プレゼンテーションでは何らかの余韻を伴って結論に結びつく時間を最後にとりたいものです。話題の転換や気分を変えるための余談の時間もほしい。時間の制約が疎ましくもあるのですが、特に提案する企画が自分が得意とする分野である場合はつい話が膨らんで予定の時間を超える可能性が高いので、時間管理は十分に注意しなくてはいけません。逆に提案や報告の最も重要な部分の時間が短いと、聞き手は話題の重要度を正しく理解できません。時間配分の失敗はプレゼンテーション全体の印象を悪くしてしまいます。

持ち時間を有効に使うために、すぐに本題にはいろう。

森工務店の社長は、少し緊張した面持ちで切り出した。今日の持ち時間は15分しかない。

「本日は私どもにプレゼンの機会を頂戴いたしまして、ありがとうございます。時間の関係もございますので、さっそく本題に入らせていただきます」

プレゼンの時間は基本的には決まっている。余計な前置きやチームの意気込み等の挨拶など、聞き手にとってはさして有益な情報ではない。そもそも「挨拶」「前置き」などほとんど記憶に残らないほど、不要な時間である。聞き手ははやく本題を聞きたいと思っているので、その気持ちを尊重してすぐにスタートするのがよい。それによって相手のストレスも無くなるというものだ。聞き手の関心事にいち早く持ち込むという基本にもかなっている。

導入なしに本題に入っていませんか？

　導入部分はプレゼンターと聞き手とのことばを介した初めての接点であり、最初の話題やことば使い（周辺言語）によって、プレゼンターの人となりや、これからはじまる数十分の雰囲気や期待感を一瞬のうちに感じとる大切な時間です。

　陥りやすい間違いに、プロジェクトの責任者（実質的な企画作業に関わっていない管理職など）による冒頭の要領を得ない挨拶というのがあります。競合プレゼンテーションへの参加のお礼を丁重すぎるほどに述べ、さらにスタッフ紹介を長々とやる上司もいますが、ここまでくると聞き手の多くは不快感を覚えるでしょう。例えば30分しかないプレゼンテーションに３分も４分もこんな無駄な時間を費やしてはいけません。

　導入は単なる「形式的な前置き」ではありません。時候の挨拶時間でもないのです。基本的にはこれからの提案の設定条件、与件の理解やチームの解釈、チームの問題意識、発想の根拠などを整理しながら、聞き手の期待感を醸成して本題にスムーズに引き込む重要な役割を担っています。その意味では単にプロジェクトの管理職という理由だけでダラダラと駄弁を弄するよ

うな導入では、その評価は予想がつくというものです。

　大方の評価は提案そのもの、つまり本題部分で決まるのは間違いありません。しかしその評価が期待値を大きく超えるか否かは、導入部分の組み立て方で相当左右されると言ってよいでしょう。要は聞き手の心の準備如何によってはその提案への受け入れ姿勢がまるで変わってくるということです。プレゼンターと聞き手の間にある「見えない壁」を除くのもまた導入部の役割のひとつです。もちろんこれはプレゼンターの第一印象と相乗しながら機能します。

　技術的な部分として、パソコンの画面を出したままで話し始めるのか、ブラックアウトした状態がよいのかは、状況によって判断してください。当たり前のようにタイトル画面を出しっぱなしでプレゼンテーションをはじめることの良否を判断するくらいの冷静さはほしいものです。タイトル画面は手元に配布された企画書の表紙と同じであることが多いですが、あなたは聞き手の目をタイトル画面に誘導するのでしょうか、それともプレゼンターに注目させるのでしょうか。本題への導入部として適切なビジュアルを選定しましょう。

最後の「まとめ」は、
もし発表の時間が許せば組み込む。

　盛りだくさんの内容を少し早口で説明した大谷部長は、持ち時間がなくなったことを察知してか、締めのことばを出した。

「急ぎ足でご説明いたしましたが、え〜工程表とお見積もりは、最後の2ページに書かれている通りでございます。時間がきてしまいましたので、とりあえず私のプレゼンを終了いたします。ご清聴いただきありがとうございました。」

プレゼンテーションで重要事項はその都度、スライドで説明してきたはずである。もちろん企画書を見ればポイントとなる内容は大文字で書かれてあるし、強調のために色刷りもしてあり分かりやすくなっている。要は本題をできるかぎり説明することに注力することが大事なので、いわゆる「まとめ」はあえて入れる必要はない。重要事項が含まれていたとしても、2度3度繰り返すのは聞き手にとって煩わしく思われ、印象も悪くなる。「ご提案した事項のポイントについては企画書に書いておりますので、それをご確認ください」といえば十分である。聞き手にとっても、あとでじっくりと読みながら「まとめ」を確認できるので、時間内に無理に詰め込むよりはるかに親切である。

結論とまとめナシに終わってはいけない。はじめに、本題、まとめ（序論・本論・結論）の3つのパートで構成するのはプレゼンテーションの基本中の基本だ！

　講演会では終了近くになると話をまとめ、その日の内容を総括して終わります。この場合のまとめとは講演の要点を聞き手に伝えて、内容の全貌が心地よく印象に残るように終えなくてはいけません。急ブレーキでもなければ自然停止でもない、講演終了の明確な意思表示であり、これによって完了のけじめをつける意味もあるのです。

　ビジネスプレゼンテーションにおいて、特に企画書に沿って説明するとき、最終ページを説明し終えた安心感でそのまま「以上が本プロジェクトチームの提案でございます」と終わってはいないでしょうか。企画書の中には学術論文とは異なり「結論とまとめ」のページがない場合が見受けられます。説明を企画書に沿って行うのは、提案の妥当性を順追って伝える最も無難な方法ですが、まとめきれずに終わってしまう危険性を常にはらんでいます。

　では、まとめがないとはどういうことでしょうか。それまでプレゼンターは企画の背景や趣旨について語り、企画そのものを仔細にわたって紐解きながらその特徴や期待される効果、社会的な影響力、画期性、予算、収益性、実現までの問題点、工程などを各項目にわけて説明してきました。聞き手の手元にはそれらが記述され解説された分厚い企画書があり、すべてがたった

今プレゼンテーションされたはずです。仮に要領よく説明がなされたとしても、聞き手が耳にした情報量は膨大であり、理解と処理の許容量をはるかに超えることもあります。むしろプレゼンターとしては過剰な情報を与えたことを危惧したほうが良いくらいです。一般的にプレゼンテーションにおけるメッセージは、提案者の検討の密度であり、熱意であり、信頼度であり、真剣さの証でもあるので、その内容は相応のボリュームとなります。そして企画書の最終ページまでをきっちりと説明しているので、これであたかもプレゼンテーションが過不足なく完了したと錯覚してしまう。これがまとめのない状態なのです。

　プレゼンテーションの聞き手に情報の消化不良はつきものであるという前提で、うまく「整腸」し「消化」を助け、「滋養成分」をきっちりと吸収してもらう。まとめはそれまでプレゼンターが話してきた内容が最も凝縮される時間です。したがってこのときのまとめには、前述された内容以外の要素は入れてはいけません。複数のキーワードを使ってもよいし、提案の意義を再度くり返してもよいでしょう。まとめの部分には心地よい終了感やほどよい興奮といった情緒的な側面はありますが、何よりもプレゼンテーションの要点が語られなくてはならないので、強調、総括、刷り込み、差異化の確認、提案の便益や画期性などを要領よく組み込んで完了します。どんなに厳しい時間の制約があっても、結論とまとめナシにプレゼンテーションを終えてはいけません。

Case 06 相手のことを知らないほうが先入観なしに話せる。

プレゼンを任された宇美さんは「お偉いさん相手に説明する」とだけ聞かされたが、それが誰なのかが気になっていた。冒頭の挨拶はもちろん、強調すべき要点もどこに置くか迷っていた。

#1　来週のプレゼン、どういった人が聞くんですか？

#2　さあ、たぶん管理職か、それ以上か…社外取締役もいたかも知れない。

#1　管理職って、課長クラスの方ですか、それともまさか本部長も参加されるんでしょうかねえ。

#2　詳しくは知らんなあ。まあ、誰だっていいだろう、どうせ資料どおりに同じこと説明するんだから。

#1　…。

敵を知らずして戦うべからず、とはいうが、プレゼンテーションはむしろ知らないことのほうが有益だ。相手を知ったあまり、せっかくの企画書の説明順序を変えたり、場合によっては自分の言葉づかいや用語までも変えなくてはいけない。プレゼンターである自分のスタイルを変えることは決してよい結果をもたらさない。相手が誰でもやるべきことはひとつ。つまり「自分のプレゼン」を粛々と実施することだ。相手に合わせることに注力すると、余計な緊張感を助長し「自分らしさ」を出せない危険がある。どんな聞き手であっても自分の世界に引きずり込むことを優先して考えよう。

法則:06 相手を知らずに 準備を始めてはいけない。

　あなたがプレゼンターになったとき、話し方やことばの難易度、スピード、あるいは補助資料の使い方などを規定するのは、誰を相手にするのかによります。聞き手が話の内容に関してすでに予備知識をもっている場合は余計な解説はいらないし、専門外の人々には、用語の選択にも気を使わなければいけません。プレゼンテーションは聞き手に関する正しい情報を得ることで、最も効果的な計画を立てることができます。要はどのような人が何人くらいいるかといった基本的なことなのです。事前に調べておくべき聞き手の集団特性と個人情報について整理しておきましょう。

（1）所属する組織や集団

　注意すべきは、聞き手が属するそれぞれの組織の慣習や特殊性を正しく把握することです。官公庁はまだカタカナことばを控える傾向があり、情報機器関連の企業の場合は、社内プレゼンを頻繁に受けているはずですから視覚資料等の使い方は相当に神経を使う必要があるでしょう。協会等の専門集団の組織ではこちらも相応の知識で臨まなくては、信頼度が希薄になりかねません。革新的な提案も可能か、年功へのこだわりがあるか、オーナーカンパニーか、創業何年か、取引銀行の系列、社員の服装の自由度、海外ネットワーク…といった、その組織を特徴付け

るさまざまな情報を入手しておきたいものです。相手を知らずしてプレゼンテーション計画は成り立たないわけで、組織情報はその基本です。

（２）個人情報

　ビジネスプレゼンテーションでは、「落とす相手」というのが存在します。いわゆるキーマンといわれる人のことです。全ての聞き手に配慮することは大前提ですが、個人情報の中で注意したいのは、プレゼンテーションの結果を左右するのに最も影響力をもつ人物は誰かということです。企画提案のような場面ではこのことが貴重な情報となります。精度の高い個人情報を入手するのは大変だしその情報管理も神経を使いますが、年齢や出身地、嗜好品、趣味、特技などからはじまって、人生訓、愛読書、座右の銘、尊敬する人物、経営理念、教育理念など精神的な側面にまで迫る情報を得ることができれば、プレゼンテーション計画の立案には非常に有効です。要はプレゼンテーション計画に欠かせない個人情報は、やっては（言っては）いけないことと、説得のための要点を計画に反映させることにあるのです。

　また会社や業界はそれぞれに慣習があり、個人にもスタイルがあるでしょう。例えば計画書や報告書は当然配布資料として必要ですが、必ず「要約版」を用意しなくてはいけない相手もあります。プレゼンテーションの部屋は暗くしたくないという経営者もいるのです。正しい聞き手の情報がなければ、用語も準備資料も、またプレゼンテーションの手法も決めることはできません。

初めての会場でも気後れするな。
不慣れな環境でも惑わされるな。
要は度胸だ。

　プレゼンの準備に余念のない益田くん。彼は入社5年の中堅社員だ。今回、出張先での説明ということで、その場所が気になっているようだ。建築模型が置ける台はあるか、パネル用イーゼルの設置スペースはあるかなどなど。

＃1　来週のプレゼンの会場は決まったんですか？

＃2　いや、聞いてないなあ。なにか問題ある？

＃1　そうですか。できれば下見をしておきたいと思いましてね。

＃2　得意先が用意してくれるんだし、それはもう当日でいいんじゃないか。

＃1　部屋の雰囲気も事前に確かめたいんですよね。

＃2　益田っ、お前は気にしすぎだって。

＃1　…。

会場の急な変更や、初めての場所でのプレゼンテーションは
よくある話である。会場のことで気にするのはきりがないし、
どのような環境であっても、すみやかに順応してそれを使いこ
なさなければプロではない。設備や備品は基本的には会場側が
責任をもつので心配することは不要である。そもそも先方がプ
レゼンのために用意してくれた部屋だ。何か不備があるとは考
えられない。模型の台などは何でも代用がきく。自身は登壇し
て発表に専念することだけを考えよう。状況の変化にうろたえ
ることなく、肝を据えて本番に臨もう。

会場を知らずに準備をしてはいけない。

　講演会も出張プレゼンテーションも、当日に初めて会場を見ることがほとんどでしょう。極端な話、本番で会場のドアを開けたときに部屋の広さにうろたえることもあります。好ましいのは事前にプレゼンター自身が会場を下見して、必要な事項をくまなく確認することですが、多くの場合は本番までそのような時間的余裕はありません。それでも前もって、せめて電話やメールで会場に関する最低限の情報は得ておきましょう。会場の情報は準備にさまざまな制約を与え、プレゼンターに心構えをもたらします。最近のプレゼンテーションではパソコンとプロジェクターが必須アイテムとなっているので、これらの持ち込みの可否、電源、スクリーンに関することくらいの確認はしておきたいですが、状況に応じて次のような項目のチェックも必要です。

（1）会場の空間条件

　部屋の面積、天井の高さ、窓（カーテンやブラインドの付属）、ドアの位置（部屋の前方か後方か）、スクリーンの位置、スクリーンサイズ、座席数、スクリーンから最後列までの距離、プロジェクターの設置位置などを確認しましょう。訪問先でプレゼンテーションする場合、すでにスクリーンが設置されている会場を

提供されることがあります。会場の空間条件とスクリーン関係の情報は必ず事前に入手しておきたいところです。

（２）設備・備品

　天井灯のスイッチの場所、壁コンセントの位置、延長コードの有無、マイク、手元明かり、接続ケーブル、プロジェクターとパソコンの距離、指示棒やレーザーポインターの有無、模型などを置くテーブル、既設のAV機器など、必要な項目を確認しましょう。特に出張プレゼンテーションの場合には、会場の機材情報を事前にできるだけ詳しく入手してください。直前の会場リハーサルができないこともありますから。

（３）聞き手との位置関係

　会場の座席配置（聞き手の席順等）、聞き手の人数、プレゼンターと聞き手の距離、チームメンバーの着席位置を把握しておきましょう。講演会などでは、会場の図面を事前に取り寄せ、会場の広さとともに確認するとよいでしょう。この情報は適切な資料提示の位置や、資料配布の段取り、あるいはプレゼンターの立ち位置などを決定するヒントになります。

　会場や設備の情報は、プレゼンターの声や提示する視覚資料の大きさ、スクリーンサイズや文字などを決めるうえで重要です。本番で言い訳をすることのないよう、あるいは予想外の会場環境に狼狽することのないよう、会場のことは事前にできるだけ知っておきたいものです。

Case 08　失敗せぬよう発表原稿はできるだけ細かく書き込む。そして暗記する努力を怠るな。

　少しあがり症の安浦さんは、プレゼン用の発表原稿を書いていた。かなり時間を割いて「完璧」に近いものを用意しているようだ。俳優は台本を暗記して、それらしく台詞を言う。そうありたいと常に思っていた。原稿は「では皆さん」「さて、ここで」「以上を持ちまして」という、細かな言い回しまでが書かれている。

＃１　かなり書き込んだのに時間がなくて、発表原稿を暗記できないですよ。

＃２　無理するな。半端な暗記でトチるより、それらしく読んだ方がましだろう。相手はそんなとこまで見ちゃいないって。

＃１　じゃあ、ときどき原稿を読みますよ

＃２　ああ、ぜんぜんOKだよ。気が楽になるだろう。

プレゼンテーションを完璧にこなすためには、どんな状況になっても拠り所となる発表原稿があると安心である。自分が話すように、つまりなるべく話し言葉で台本を書き、できれば暗記するのがよい。せっかく書いた原稿であるし、それを覚える努力を怠っては何のための原稿かわからない。しかし準備の時間が充分にとれないときは、細かいニュアンスは暗記しないでもそれらしく読めば説得力も増す。少なくとも「話すように読む」練習だけはしておこう。万が一暗記できなくても「うまく読む」ことで完璧なプレゼンができる。それくらいの演技力は心得ておいてほしい。

法則:08 発表原稿は不要。
暗記しても読み上げてもいけない。

　手元資料なしで講演をこなす人がいます。落書きメモのような紙切れでも話題の尽きない人もいます。皆がうらやむしゃべりの達人。誰もがそうありたいと思うのですが、プレゼンテーションは準備をどんなに怠りなくやっても、失敗はつきものです。しかし「何とかなるさ」では、もちろん何ともなりません。私たちはプレゼンテーションを大過なく進行する拠り所として台本を作ることがあります。プレゼンテーションの手順や段取りなどを記載した手元資料は、本番の内容を事前に確認し、秩序だてて進行するうえで重要な役割を担っています。

（1）進行表の必要性

　プレゼンテーションが計画性を持ったパフォーマンスであるとすれば、いわゆる台本に相当するものが必要になるでしょう。しかしプレゼンテーションは聞き手の反応など状況の推移によっては即時的に話題を省略したり、予定より多くの時間を割いたりといった、現実的なプログラムの変更もあるので、発表原稿として仔細にわたって書き込まれた「台本」はほとんど意味をなしません。むしろ内容を項目ごとに箇条書きにしたものや、要点や絶対にはずせない話題などを添え書きしたメモが役

に立ちます。プレゼンテーションに求められる進行のための資料は、状況の変化や不測の事態に相応の自由度をもって対応できるものでなくてはなりません。映画や演劇に使われるような「台本」は不要ですし、むしろ書き込みすぎは有害ですらあります。用意すべきはプレゼンターが自分で納得できる進行表、あるいは進行メモのたぐいなのです。

（２）暗記の無駄

　完璧なプレゼンテーションを行おうと意気込むあまり、発表原稿をつくり、くまなく読み込んで暗記する人がいます。しかしプレゼンテーションは聞き手とのナマのかかわりの中で進行するコミュニケーション行為なので、時間軸に沿って決められた事項を覚えてそれを復唱するのは、劇性に富んだダイナミックな時間を自ら否定していないでしょうか。どんなに優れた発表原稿ができてもそれを暗記するのは無意味です。もっともらしく流暢なしゃべりを実現できたとしても「書きことばを読んでいる」ことに変わりませんし、プレゼンター自身の情熱や信念に支えられた生きたことばとはほど遠いものがあります。

　慣れない外国語での発表のとき、原稿を瞥見したり一部を暗記したりするといった例外はありますが、暗記することを前提にした台本づくりはやめた方がよいでしょう。スキルアップのためにも好ましくありません。

リハーサルは必ずしもやる必要はない。「きっと何とかなる」と信じよ。

リハーサルは大事だ、とよくいわれる。たしかにリハをやるに越したことはないが、現実には直前まで企画作業が押して、時間がとれない。企画担当兼プレゼンターの増子さんは、ちょっと落ち着かないけれど持ち前の「大らかさ」で乗り切ろうとしていた。

#1 係長、ビデオ上映のタイミングを打ち合わせていないんですけど。

#2 スタートボタンくらい、オレが押してやるよ。

#1 上映中、2度の一時停止があるんですけど、大丈夫ですかねえ。

#2 はあ？ 増子、なんかそれらしい合図を送れよ。

#1 はあい、了解です。

リハーサルも良し悪しである。リハーサルにこだわるあまり、本番での融通がきかず悪影響がでてくる。大らかでかつ大胆なプレゼンテーションを行おうとするなら、思い切ってリハーサルをやらずに臨む。ある意味では「ぶっつけ本番」のほうが緊張感もあり予想を超えるいい結果を生むことがある。リハーサルをいくらやっても、なぜか毎回、何かしらの失敗をしてしまう。明らかにリハーサルの弊害である。手元には報告書や企画書があるはずなので、分かりきっている内容を事前に見直してもあまり意味がない。本番に強いといわれるプレゼンターになるための第一歩は、「いきなり本番」に物怖じしない強い精神だ。

法則:09

リハーサルなしに本番に臨んではいけない。

　どんなに時間に追われていても、リハーサルを怠ってはいけません。たとえ緻密な準備をしていても本番で間違えたり言うべきことを忘れたり、あるいは時間管理がルーズになる可能性があるという前提でリハーサルに取り組みましょう。リハーサルでは本番の確認とチェックを行いますが、それが最終的に修正と改善に結びつかなければ意味がありません。リハーサルの大切さは次の4つに集約されます。

（1）自己管理としてのリハーサル

　プレゼンター自身が推進するプレゼンテーションは、まず本人が納得できるようなレベルと内容でリハーサルを行い、そのことを関係者全員が承知しておくことが大切です。一人でできることには限りがありますが、プレゼンテーションを主導する立場から、次のことは確認しておきましょう。

①全体の流れと構成をつかむこと　②強調するポイント　③所与時間と内容ごとの時間配分　④スライドなどの資料の扱いに慣れること　⑤導入とまとめの整理

（2）チームスタッフのためのリハーサル

　アシスタントは全体の話の流れ、要点、資料提示や配布のタイミング、映像資料を上映する時期や長さ、室内照明の要・不要など、プレゼンターと同じように把握しておかないと、適切な援助ができませんし、円滑な流れを保障できません。プレゼンテーションの全体像をスタッフ全員が共有することは、プレゼンタ

ーにとって何よりもの安心材料であると同時に、何らかのトラブルやハプニングへの対応はスタッフ全員の責任でもあることを周知する意味があります。リハーサルにはできる限り本番に参加する全員で行う方が望ましいのです。

（3）想定問答

　想定問答を作成するにはリハーサルを活用することが有効です。第三者に聞いてもらいながら、メッセージの過不足や、説明の粗さ・丁寧さ、納得できるか否かなどを確認してもらい、聞き手の質問を予測するのです。聞き手の疑問点を予測して、可能な対応を準備しておけば、プレゼンターとしては精神的にずいぶん楽になります。ただし想定問答は文字通り「想定」の範囲での準備であって、実際には想定外の疑義が寄せられると考えておいた方がよいでしょう。

（4）緊張の緩和

　私たちは誰しも「あがり」の状況を経験した事があるでしょう。過度の緊張はもちろんプレゼンテーションを実行するうえでは阻害要因となりますが、適度な緊張状態、すなわちほどよい生理的な覚醒状態はむしろパフォーマンスのレベルを高めることになります。本番を前にして何らかの不安を感じ、緊張感が高まるからこそ、さまざまな準備に余念がないのです。ここに「ほどよい緊張感」の意味とリハーサルの意義があります。

　リハーサルには時間がかかるし面倒です。しかし進行手順を把握し、チームメンバーが段取りを理解しておくことは、本番に臨むプロ集団としては当然の準備です。リハーサルを軽んじるプレゼンテーションに良い結果は簡単にはついてきません。

Case 10

喋りのうまい人は
迷わずプレゼンターに指名する。

　プランニングを担当した尾本さんは、この企画の事前調査か
ら具体案の構築に至るまですべてに関わってきた。順当にいけ
ば彼がプレゼンターとして説明することになるはずだった。し
かしプロジェクトリーダーが指名したのは意外にもそうではな
かった。

＃１　次のプレゼン、河原くんたのむよ。

＃２　え〜っ、私がやるんですかぁ？

＃１　そう。しゃべりは、お前の方がうまいじゃないか。パー
　　　ティーでもけっこうウケてるし…。

＃２　あんな感じでよければやりますけど、中身、よくわかって
　　　ないですよ。

＃１　プレゼンはムードが大事なんだよ。専門スタッフも同席
　　　してフォローするし、問題ない。

プレゼンテーションでの成功のためには、しゃべりのうまい人物を指名するのがよい。仮に本人が企画にさして関わっていなくとも、おおよそ企画書に目を通しておけば、企画書にそっての説明はそう困難ではない。むしろ「うまい喋り」「声がいい」「アドリブ上手」などが醸し出す雰囲気や声の魅力は、印象評価も高くなり、企画内容のよさをアピールする上で欠かせない大切な要素である。

プレゼンターを安易に選んではいけない。

　準備で最大の「人事問題」はプレゼンターの選任です。多くの場合、スタッフは企画作業には参加するものの、願わくはプレゼンターにはなりたくないと考えています。話し下手だからということもあるでしょうし、恥をかきたくないとか、あがり症だとか、あるいはこれ以上仕事の負担を増やしたくないなど、さまざまな理由を並べてしまいます。プレゼンターは聞き手から見ると、プレゼンテーションのすべての責任を負う中心的な人物であり、提案の顔となる存在です。したがって間違っても選任のときは、ほかにいないからとか、上司だからとか、営業だからといった理由で、プレゼンターを指名してはいけません。プレゼンター選びは、プレゼンテーションの成否を大きく左右するのです。

　よくある間違いに「しゃべりがうまいし声がいい」という理由で選ばれることがあります。しゃべりのうまさや、あるいはいい声は、そうでないよりは望ましいのですが、そのことは説得力のあるプレゼンテーションとは直接関係なく、提案内容に対する深い理解や思い入れとも別問題です。表面的に整ったプレゼンターであっても、最近は聞き手もプロ揃いで真剣です。即興的に繕った「うまさ」を見破られるのに、さほど時間はかからない

でしょう。また、肩書きでプレゼンターになる人もいます。営業局長、プロジェクト・スーパーバイザー、本部長、所長、企画部長…。立場や肩書きコンプレックスの多い日本ではこの状況は理解できるのですが、彼らは管理の専門家ではあっても必ずしも優れたコミュニケーターとはいえません。最適なことばの選択、視覚資料の挿入と補足説明、あるいは機器操作の熟練度など、いずれも知識として知っているだけでなく、それを確実に実践できなくてはいけないのです。

　プレゼンターに最適な人材はなかなか見つからないでしょう。しかし、これから提案する、あるいは発信するメッセージを最も効果的に、適切に、熱意と愛情をもって伝えることができる人材をそのプロジェクトメンバーの中から選ばねばならないのです。間違ってもプロジェクトとは無縁の、プレゼンテーションだけのための「臨時雇い」を採用するのはやめたいものです。ビジネスプレゼンテーションに限って言えば、出席が許される人数なども確認し、プレゼンター以外のスタッフの役割も分担しておきましょう。いうまでもなくプレゼンターはプレゼンテーションだけに集中できるよう、ほかのスタッフは最大限のサポートをする心構えを忘れないでください。

プレゼンテーションの本番でトラブルが起きる確率はほとんどゼロにちかい。

　大事なトップへのプレゼンテーション。何度も何度も出席者を確認して、その人数で座席の配置も決めた。すでに配布資料もそれぞれの席前の机には置かれている。準備万端、といった状況でまもなく本番を迎えることになる。

#１　はぁ、資料が足りない？

#２　はい。急に社長室の２名の方が参加されることになりまして…。

#１　突然だなあ、予備はないのか？

#２　ええ、６名と聞いてましたので…その部数しか用意していません。

#１　ん～しょうがないなあ。我々のものはあるけど、いろいろメモを書き込んでいて、渡せないよ。

本番でのトラブルは全くない、というと語弊はあるが、ほとんど可能性のないことにエネルギーを注ぐのは得策ではない。万が一の時には「なんとかなる」と強く信じてプロジェクトを進める、多少はおおざっぱな、図太い神経を持っているほうが有益だ。左記のような場合、6名のために6部を用意することは正しい。資料が不足したとしても、相手先の直前の都合で予定外の参加者が増えたということだ。「恐れ入りますが隣の方とご一緒にお読みください」とか「人数分しか用意しておりません。申し訳ありません」と丁寧に言えば、ことさら問題になることはない。これは資料の問題だけではない。パソコンやＡＶ機器を使うにしても、最近の機材は信頼度が高いので、何らかのトラブルがあって故障するかもしれない…と、余計な心配をすること自体が無駄である。

法則:11

トラブルなんてまず起きないだろう、と思ってはいけない。危機管理はビジネスの常識だ。

　わずか数十分のプレゼンテーションですから、何のトラブルもなく無事に終了して当然と考えるでしょう。通常は途中で何か問題が発生するとはなかなか考えられないものです。しかし1回限りの最も洗練された最高のプレゼンテーションを完遂するためには、ありえないと思われる状況までも考慮しておくことが大切です。プレゼンテーションにも当然「危機管理」があります。その対象は、準備段階から本番までの多くの場面に潜んでいます。危機管理の手間が「無駄」な作業に終わるよう、要点を押さえておきましょう。

（1）計画・準備段階

　当日になって発表時間を変更されることはほとんどないでしょうが、皆無ではありません。先方のやむなき事情で所要時間が30分から20分に短縮されても、それに即応しなくてはいけません。お客様はわがままであるとはよくいわれますが、ことプレゼンテーションでは、聞き手のわがままを甘んじて受けざるを得ないことが多いのです。

　配布資料は予定の人数よりも多めに用意すること。さらに万が一に備えて、製本していないバラの資料を1部予備として用意していれば、緊急のコピーにも対応しやすいでしょう。また、軽

便だという理由で全ての準備物を郵送してはいけません。誤配、遅送、破損で資料が使えなければ致命傷になるでしょう。リスク分散の配慮から、面倒でも一部は手持ちで持参すべきです。

（２）機材や会場

　ここでは使用する機材の問題があります。プロジェクターの電球切れ、不慮の故障、パソコンのトラブルなどに関しては「ありうる」という前提に立つべきです。機材の問題を理由にプレゼンテーションが進行不能の状態に陥ることだけは避けたいものです。予備機材を用意する、ダブルスタンバイするなど、可能な対応はしておきましょう。また人の出入りの多い部屋でのプレゼンテーションで、誰かが電源コードに足を引っ掛けて壁のコンセントからプラグが抜け、ビデオが突然消えるというトラブルもあります。引っ掛けた方が悪いのではなく、無神経に配線をした方が問題なのです。何がおきるかわかりません。

（３）人の問題

　最も厳しい状況は、何らかの理由でプレゼンターがその場にいないということです。弔事、交通渋滞、突発的な病気や事故など本人が出席できないという可能性はけっしてゼロではありません。いざというときに誰が代理をつとめるのか。その準備だけはしておきましょう。もしもそのような事態になったとしても「本来はわたしが説明する予定ではございませんでしたが…」など、冒頭のいい訳は禁句です。

企画書や報告書にこだわり、目次を順守して説明をしよう。

Case 12

自分が責任者として関わった企画への思い入れは計り知れない。できた企画書は何とも誇らしい。リハーサル通り、順を追って丁寧に説明することを心がけようと、いざ本番に臨んだ。冒頭の挨拶をうまくこなした稲本課長は一息ついた。そしていよいよ企画説明へと入った。

#1 それでは、企画書の目次に沿ってご説明させていただきます。

ここでいきなり、責任者と思しき人から声が上がった‥‥

#2 お経（前段）の部分はいいから、ポイントと結論を先に話してよ。

#1 あ、はい、そうですか。では、前半の5ページは飛ばしますが…、あ、いや、簡単に説明させてください。

聞き手は時として、企画者の思いを無視して要望をだすことがある。企画の本質を丁寧に説明するのはプレゼンターの使命であるはずだ。何よりも企画に注いだ多くの時間とエネルギーは１ページ１ページに書き込まれている。上記のような要望が突然だされたとしても「飛ばす」のは論外だ。「簡単に説明させてください」とでも言って、かならず最初ページからスタートしよう。そうして自然に予定どおりの流れに誘導していく。できるだけこちらのペースに持ち込もう。情感に訴えるようなへたな演技は不快感を与えるので、事務的に淡々と説明することが、丁寧な説明の定石であることも忘れてはいけない。

法則:12　企画書などの書類に頼りすぎてはいけない。

　企画書や報告書に首っ引きで、その説明に終始したことはないでしょうか。プレゼンターには本番中の不測の事態に対応する判断力や、聞き手の状態を見定める観察眼などが求められますが、メッセージの構成と加工のセンスも大切な能力です。

　さまざまな報告やアイディアを売り込むための企画書は、プレゼンテーションの段階で全体の組み立てや視覚化の手法をうまく工夫することによって、説得力が増します。書類の棒読みならばプレゼンターの能力や個性とは無関係ですが、プレゼンターにはメッセージをより効果的に、あるいは劇的に伝えるためにさまざまな構成上の工夫が求められます。そのひとつが、「理性」と「情緒」の両面にわたる説得の使い分けです。

　詳細な数値やデータに裏打ちされたメッセージは、客観性・合理性ゆえに不動の説得力を持ち、複数の聞き手に対しても大きな差を生じることなく同じ理解に導くことができる点で有利です。一方で、聞き手と良好な人間関係が成り立っていれば、メッセージの根拠となるデータをあえて前面に出さずに、完成像、危険状況、達成感、不安、充足といった感覚をアピールしながら同意を得る方法も選択できます。もちろんバックデータがあるか

らこそ、理性と情緒に訴えるプレゼンテーションの選択が可能になることはいうまでもありません。この併用や使い分けは、プレゼンターの能力で大きく変わります。

　メッセージの構成と加工のひとつに「結論の位置決め」があります。これにはプレゼンテーションの最大の注目場面、例えば結論や提案の核心、画期的なアイディアなどをプレゼンテーションの最後に明かす「終盤結論型」と、注目すべき論点をプレゼンテーションの最初にもってきて、その根拠や関連情報を順次出して補説していく「冒頭結論型」があります。概して内容への関心度が高い場合は最後に結論をもっていき、話題への関心度が低く、良好な関係を一定時間共有することが困難な場合には、冒頭結論型を選んで最初の段階で相手の関心を引き付ける工夫が必要です。聞き手が組織のトップで、関心は高いが時間的拘束ができないときもまた、冒頭結論型が相応しいでしょう。

　メッセージの加工は映像化したりグラフを作成するような視覚資料の準備だけでなく、プレゼンテーションの構成や流れを適切に組み直したり、結論を明かすタイミングを調整するといった緻密な計算も必要になるのです。企画書に沿って説明するという企画書信奉主義では、相手に合わせたプレゼンテーションの組み立てはできません。

プレゼンターは見かけで判断されることはない。服装は自分のスタイルを貫こう。

　デザイン室の谷川さん、アンクルパンツ、Tシャツとジャケットは定番のスタイル。これを自分らしさだと思ってるらしい。この数年はだいたいこの格好で仕事をしている。自分自身もこれで安堵感があるのかもしれない。

#1　谷川っ、ネクタイくらい締めてこいよ。

#2　でもこの感じ、デザイナーらしくていいでしょう。

#1　きょうは社長プレゼンだって、わかってるだろうが。

#2　えっ私、いつもこの格好ですよお。

#1　…ん〜まあ〜、いいかア。

人は見かけで判断してはいけない。ノータイ・ジーンズ・金髪でも優れたデザイナーはいる。勝負は提案書であり企画の中身なのだから、そのことについて誠意をもって語ればよい。服装に気遣う時間があるなら、企画作業を充実させたほうがよいに決まっている。そもそも外見で評価するような人々はプレゼンテーションの何たるかを知らないのではないかと疑ってしまう。どんな服装でも自信をもつことだ。かのAppleのスティーブ・ジョブズもジーンズ姿でプレゼンしていたではないか。

法則:13 外見に無頓着であってはいけない。第一印象は内容にも影響を及ぼす。

　プレゼンターに対しては、登場の瞬間から聞き手によっていろいろな評価や判定が下されます。厳しい顔つき、だらしない感じ、威圧感がある、神経質、自信なさげなど、本人の知らない間に印象評価を受けて最初のイメージが固定されてしまうのです。「第一印象」はその人物のことを実際には知らないはずなのに形成される、という点で非常に特殊です。そしてこの印象は、聞き手とプレゼンターとがそれまでに何の接触もなく、人物情報すら希薄な状況であっても、ほとんど瞬間的につくり上げられてしまいます。瞬間的あるいは短時間の限定的な情報が拠り所になるのですから、第一印象は必ずしも正確ではありません。接触時間の短いプレゼンテーションにおける第一印象は、30分や1時間の持ち時間の間に修正されることは難しく、そのまま最後まで引きずってしまうと考えてよいでしょう。第一印象は「言い訳」がきかないのです。

　一般的に私たちがつかむ第一印象の手がかりは主に声、顔、服装、体形の4つだといわれています。声は音質、高低、太さ、滑舌、速度、清濁などが含まれます。顔は輪郭、目鼻のパーツ、髭、髪型、髪色、皮膚の状態、化粧など。服装は素材、流行、靴、色彩、時計、貴金属、ネクタイなど多くの要素があります。体形

は身長、姿勢、細身、太り気味などがありますが、服装によって多少の補正と「ごまかし」は可能です。

外見的な特徴に良い評価を得ると、そうでない人物よりも好ましい性格であり、仕事もよくでき、社会的に認められた高い地位にあるだろうと推測される確率が高いと言われます。逆に外見的な評価が低いと、そうでない人物よりも仕事の要領が悪く、性格的にも好ましくないと思われる確率が高くなります。外見で人を判断してはいけないのですが、プレゼンターは先ず外見を含む第一印象で判断されると思ってよいでしょう。

外見を自己管理するには限界があるので、第三者の目を通して確認をすることをおすすめします。服装は当日でも変更が可能ですが、体形の管理は時間がかかるし、体調不良による声のダメージをすぐに修復することは不可能です。印象管理の不備はプレゼンターへの不信感を招いてしまうので、発信するメッセージの格調や信頼度、迫力、魅力を著しく損ないかねません。第一印象を決定付ける外見や体調には細心の注意を払いたいものです。

プレゼンターたる者、少なくともプレゼンテーションの直前には、化粧室で髪型やネクタイのゆがみを正し、靴の汚れをふき取るくらいのことは習慣化しておきましょう。故スティーブ・ジョブズのようにジーンズ姿でプレゼンテーションができるのは、聞き手との間に長期にわたって信頼関係が確立していたからなのです。

Case 14　本当にいい企画なら、プレゼンターは誰でもかまわない。

　プレゼンターの説明が企画の良し悪しを左右することはない。初めに企画書ありき。企画書の説明役は、企画を「脚色」せぬように淡々と話をするのが使命であるはずだ。余計な感情移入や演出も語りのうまさも不要である。その意味では提案内容に自信があるならば、プレゼンターは誰でもよいのだ。指名の選択肢は広い。

#1　あいつのしゃべりは、どうも事務的に聞こえるなあ。緊張しているのか？

#2　そんなことはありませんよ。土橋さんはいつもそうですし、これは彼の個性ですね。

#1　勝つ気はあんのか？　なんか、気迫を感じないよなあ。

#2　悪くはないでしょう。何よりも今回は企画自体がすんごくいいので、しゃべりの問題はないと思いますよ。

極論すればプレゼンターは誰でもよい。提案の採否は提案内容そのもので決まるので、優れたプレゼンターがいないからといって悲観することはない。説明がうまいに越したことはないが、そうでなくとも企画書を読んでもらえばそのレベルの高さは明らかになる。型どおりの説明さえできればプレゼンターとしては合格だ。プレゼンテーションは形式的に進行することが多いので、プレゼンター選びで悩むよりも、むしろ企画内容の完成度を高めることに注力すべきである。

法則:14 プレゼンターの存在を軽んじてはいけない。企画の伝わり方の良否を左右するのはプレゼンター次第だ。

　人を惹きつけて信奉の拠り所となるほどの存在。あるいは超人的で人々を信服させるほどの指導力。これを一般的には「カリスマ性」といいます。近年では実力のほども疑わしいのに「人気がある」「評判がいい」程度の軽い意味でカリスマ美容師、カリスマDJ、あるいは読者モデルのカリスマ的存在、などと広く使われるようになっています。プレゼンターが個人的側面から論じられるとき、ある種の強さや注目せざるを得ない魅力、信じることによる安堵感など、いわばカリスマの要件を備えていることが望ましい側面もあるのです。

　聞き手に迷いはつきものです。たとえば特に決定的な差異が認めづらい複数のアイディアが提起されたとき、そしてどれを選択したとしても必ず成果に結びつくと予測されたとき、さらに提案者のいずれとも良好な関係が保たれているときなどを考えてみてください。聞き手の気持ちは大きく揺らぎ、どの提案を採択すべきかの決断は悩ましいものとなるでしょう。このときに最大の影響力をもつのがプレゼンターであり、そのプロジェクトへの意識や信頼度、実績、聞き手の意識を揺さぶるような動機づけ、ほとばしる自信などの、強靭な精神の総合力が、聞き手の迷いを断ち切る契機となるのです。ただし、プレゼンターのカリスマ性は、健全な方向に作用しなくてはなりません。こ

の資質を「良質のカリスマ性」と呼ぶことにしましょう。プレゼンターに求められる良質のカリスマ性のうち、次の７つを要点として指摘しておきます。

①高い自意識。「高い」とは自分を信じる精神性の高さと逞しさであり、他者を見下す傲慢さや他人の目を気にする偏狭な気持ちとは異なります。

②自己犠牲を厭わない、結果への約束の強さ。あるいは期待される結果へと導く執念。

③強力な説得力と価値観。ただし決して独善的な価値観ではいけません。

④聞き手の価値観の尊重と同時に、異なった価値観への適応能力と深い理解。

⑤その分野に関する豊富な経験と実績からうまれる、聞き手とのほどよい距離感。つまり実績に基づく「余裕」と「客観視」。

⑥高い想像力、哲学、ビジョンと現実的執行力の両面性。

⑦自己演出と演技力による、劇的な存在感。

　これらのカリスマ性を成すいくつかの要素は、自然に経年醸成される能力ではありません。相応の意識と行動によって得られる人格の一部です。聞き手の側からみたとき、自分たちの悩みや不安を一掃し、課題解決の糸口を必ずや提供してくれる確信をプレゼンターに見出したとき、他の複数の提案者に代えがたい信頼と価値を感じるにちがいないのです。その意味でもプレゼンターたるものは「良質のカリスマ性」を持ちあわせてほしいものです。

曖昧な指示でも的確に仕事をこなせる
アシスタントを選べ。

　珍しくリハーサルを何度か繰り返したので、アシスタントの黒瀬さんはパネルを出す順序も、ほぼ頭に入っていた。本番は予想以上に盛り上がり、プレゼンターの桑田さんは勢いで企画書にない話も持ち出していた。案の定・・・。

＃１　パネルの順番が違っていたじゃないかあ。

＃２　えっ、リハーサルで言われた通りに、今日も出しましたけど。

＃１　俺の喋りを聞いて、考えればわかるだろう…アドリブだってあるんだから。

＃２　…（そんなのわかりませんよ！）

プレゼンターは多忙である。準備に余念がないし発表原稿を覚えるのに相応の時間をかける。したがってアシスタントにこと細かな指示をだせないのは致し方ないことなので、アシスタントは「一を聞いて十を知る」センスがなくてはいけない。したがって彼らには「想像力を働かせろ」「臨機応変に流れを読め」とアドバイスするのがよい。自助努力を惜しまない勘のいいアシスタントを選ぶことが大事だ。

法則：15 アシスタントへの指示はいい加減ではいけない。的確な指示を出し、そのことを理解したかを確かめるのはプレゼンターの役割だ。

　プレゼンテーションがスムーズに進行し、また完成度の高いパフォーマンスを実現するために必要なのが「アシスタント」です。しかし、アシスタントが優秀であることを条件に選ばれることは希です。日常的に業務の補佐をしている社員、新入社員、契約社員の若手、時として実務にあまり貢献していない上司が支援要員となることもあるでしょう。したがって彼らの主体的な行動や心得にはじめから期待することは危険で、むしろ彼らにどのように的確に「指示を出す」か、「活用する」か、つまるところプレゼンターの指導力にかかっているのです。

　アシスタントが本番中に何らかのミスを犯すこともあります。機器の操作ミス、資料の配布のタイミングがずれる、室内の電灯の消し忘れなどがあるでしょう。これらのミスについても十分な対策を講じておきたいものです。アシスタントは経験の浅い若い人が担当することが多いだけに、緊張してプレゼンターを冷静に補佐できないこともあります。プレゼンターが完璧な補助を期待するならば、実施するプレゼンテーションのすべてについて必要にして十分な情報を与えることが基本です。情報が少なければ主観的な判断に陥りやすく、適切な対応ができ

ず、トラブル時にフォローもできません。一方で過剰な情報を
与えてしまうと、自分がやるべき作業の優先順位がつけられず、
判断に迷うでしょう。何らかの不安要因があっても、直前にア
シスタントを交代させる余裕などありません。アシスタントの
ミスを最小限に留めるために、プレゼンターはアシスタントに
対し次のことを確認しておきましょう。

---

(1)指示したことをやったことがあるか、初めてのことか
(2)アシスタントの処理能力の限界を越えていないか
(3)アシスタントにとって難易度の高い補佐ではないか
(4)アシスタント一人で対応できる作業量か
(5)プレゼンターは的確な指示をしたか、アシスタントはそれを
　　理解しているか、プレゼンターはアシスタントが理解したこ
　　とを確認したか。

　プレゼンテーションの成否を左右するのは、プレゼンターが
アシスタントの能力を見極め、的確に指示を与えるスキルなの
です。それにはじめから要領のいい優秀なアシスタントはなか
なかいません。ミスやトラブルをアシスタントのせいにするの
は簡単です。プレゼンテーションを将来のプレゼンター育成の
ための生きた教育の場であると考えてはどうでしょう。

コラム1 指示棒の話

　プロジェクターで写されたスクリーン上の情報に対して、多くの場合はレーザーポインターを使って指し示します。従前は赤色のレーザーのみでしたが、近年は視感度がよい緑色のレーザーも普及してきました。周知の通り、レーザーは光の拡散がほどんどないため、スクリーンとプレゼンターの距離とは関わりなく光の「点」として対象を示します。多少は斜めからでも問題ありません。小型のものもあり、携帯指示具として活用されています。指示対象はスクリーン上のみならず、展示会場の模型や、ショールームなどでも説明の補助に有効に活用できます。

　注意すべきは、スクリーンまでの距離が大きいときに使うと、手元の震えによる「ブレ」が数メートル先の対象の上では大きくなってしまい、たいそう見苦しいことになってしまう点です（緊張が伴った時には特に）。さらに、ONのスイッチを押したまま不用意に移動することで意図しない場所で光が流れたり、点灯させたりといった不始末が起きることもあります。レーザーの輝度が高いために、聞き手としてはつい光を追ってしまうので注意がそれてしまいます。プレゼ

ンターは扱いに十分注意しなくてはなりません。雑な扱い
は、プレゼンターの性格までも反映してしまいます。

　基本はことばを通して、特定の位置に視線を誘導するこ
とをこころがけ、より正確に指し示すときだけ、レーザー
ポインターを使うようにするとよいでしょう。ことばによ
る誘導とは、例えば「左下の赤枠で囲んだところをご覧くだ
さい」「上から2行目にあるABCに注目してください」などで
す。これでも指示が曖昧だと判断されるなら、ポインター
を使うことでさらに確実に速やかに誘導が可能となります。

　いまでも指示棒の愛用者は多くいます。自分の手の延長
という感覚で安心感があるからでしょう。収縮式では60cm
前後のものや120cm前後のものが一般的です。特定の対象
を指示するだけではなく、水平や垂直、角度を持った線の表
現などにも使えます。ペンケースには小型のものを常備し
ておくとよいでしょう。しかし、スクリーン上の対象を指し
示すときに、スクリーンが揺れるほど指示棒で押さえたり、
スクリーンを無意味に叩いたり、あるいは手持ち無沙汰に
（無意識に）伸縮を繰り返すような行為は慎みましょう。

時に、手持ちのペンを指示棒として使う場面があります。テレビの報道番組にて放送記者が解説する場面でよくみられます。フリップボードを持ちながら説明して、グラフやチャート図を自身のボールペンなどで指し示す。解説者が現場から直行して、慌ただしく登場した感はあるものの、筆記具をそのまま使うことには違和感を感じます。そのメーカー、価格、傷や汚れ、形状や色など、本来の「指示する」こと以外の余計な情報が目に入り、これらはプレゼンテーションの視覚的なノイズとなってしまいます。

　展示会場の企業の出展コーナーでは、営業や技術者が各所に配置されて、来場者に自社の製品や解説パネルを説明しています。手にはパンフレットや解説チラシなどを持っていて、質問への回答に万全を期しています。ところが時としてそのパンフレットを丸めて、即興の指示棒よろしく、パネルや模型を指し示して説明する風景をみかけます。勢いや「現場感」はありそうで、商品にだけ注目する人は丸まったパンフレットには無関心でしょうが、これは絶対に避けなくてはいけません。チラシ等の宣伝用素材は出展者にとっては重要なツールであり、会社の思いが集約された印刷物のはずです。それを無造作に指示代わりに使う無神経

さは、場合によっては社員の資質が疑われかねません。

　プレゼンテーションでは「手」も指示具代わりとして有効に使えます。何かを手で指し示すというのは指示の基本です。手首も指も柔軟に動き、これほど便利な「指示具」はないでしょう。しかし手のひらでも指1本でも、個人差があり「表情」が出すぎる問題があります。特に聞き手が少人数で近距離でのプレゼンテーションでは、余計なものも目に入ります。「指示する」という本来の機能を超えて、爪の手入れ、手の荒れ具合やよごれ、指輪や時計、マニキュア、指1本で示す、5本広げる、指が伸びる、不自然に曲がる、場合によってはけがによる包帯などの余計な要素によって、プレゼンターが全く予期しない印象が付加されることがあるかもしれません。手の清潔感や不要な貴金属に十分配慮したとしても、指示棒のような単機能には程遠いのです。指示棒の「代用」としてはこれほど便利なものはありませんが、「不要な表情」を極力見せない注意が必要です。

　先述のペンや、丸めたチラシもそうですが、何かを指し示すときには、特別の演出的な意図がない限り、事務的な指示機能に徹して、指示棒やレーザーポインターを使ったほうがよいでしょう。

Case 16 聞き手を前にしたパソコンの立ち上げは 不可欠な時間。落ち着いてやろう。

　2番目にわが社が呼ばれた。プレゼンターの大和係長、審査員を前にノートパソコンをプロジェクターに接続し、電源を入れてプレゼン用のソフトを立ち上げている。おもむろに、そして愛嬌たっぷりに‥‥

#1　…すみません、もう少しお待ちください(笑)

　スクリーンには、プレゼンターの行っているすべての準備作業が映し出されている。トップ画面には20個ほどのファイルが並んでいる。その中から今日のパワポを見つけてクリック。およそ1分後、ようやくプレゼンテーションがスタートした。

#1　お待たせいたしました。それでは始めさせていただきます。どうぞよろしくお願いします。

決して慌ててはいけない。準備作業は落ち着いて進めることだ。多くの聞き手は、スクリーンを見ながらあなたの準備の様子を、ちょっと手持ち無沙汰に見ているだろう。そんな状況には慣れている人ばかりで、焦っているのはプレゼンターだけなのだ。無言の時間はなんとも重苦しいので、上記のように「しばらくお待ちください」と言うのは適切なコメントだ。大事なことは、自分のパソコンの立ち上げにかかる時間をあらかじめ知っておくことだ。仮に90秒なら、その間のいくつかのコメントを用意しておけばよいのだから。

聞き手を前にして「準備作業」をしないこと。もしものときは事務的に目立たず速やかに。あなたはすべてを見られている。

　会場に設置してあるプロジェクターは、常設のスクリーンに対して投影の画角やフォーカスも合わせてあり、プレゼンターはパソコンとケーブルを接続しさえすれば用意したスライドを正しく映し出すことができます。しかし、プロジェクター等を持ち込んだときは、すべての設置と調整作業を速やかに行わなければなりません。そこで思ったより手こずるのがスライドの画角・歪調整とピント合わせです。このときパソコンのデスクトップ画面や、プレゼンテーションで使用する予定のスライドの最初の１コマ目を表示して調整作業をしてはいないでしょうか。この当たり前のような場面はよく見かけますが、例えば１コマ目のほとんどはタイトル画面です。そこには報告や提案の題目と組織や個人名が書かれているはずです。テストや調整という準備作業に、大切な１コマを使う無神経さを疑いたくなりますが、プレゼンターは事の重大さを認識しているのでしょうか。タイトル画面は、ある意味ではこれから始まる本番の表看板であり、プレゼンテーションの表紙です。それほど重要で、扱いに慎重を要するコマのはずです。これを映像のテストパターンよろしく使いまわすのは、どう考えても大切な説明資料の表紙の意味

と価値を正しく認識していないとしか思えません。もちろんそのいい加減とも映る作業は、プロジェクトへの取り組みや内容の精度の反映ではないかと見られなくもないでしょう。聞き手が在席のまま準備が許されている場合など、実に興ざめです。準備はあくまでも事務的でなくてはなりません。作業用のコマを別に用意しておき、パソコンもプロジェクターと接続する前にあらかじめ立ち上げておくのが基本です。

　また、プレゼンテーションが終了して質疑応答にうつったとき、会場は最終ステージへと進んでいます。準備段階と同様にスクリーン上には何を映すべきか、あるいは消すべきかを配慮しているでしょうか。もしも最後のスライドが残ったままだったり、意図していない終了画面や、不用意にスライド一覧、初期画面が映っているようならスライドの扱いは完全に失格です。無難なところでは、最初のタイトル画面に戻すのがよいでしょう。場合によっては、黒コマ、白コマ、無地のカラースライドという方法もあります。要は質疑応答の背景として最も相応しい画面であるかどうかにまで神経を使ってほしいということなのです。スライドが成り行きで残ったままにすることはやめましょう。準備も終了時も細心の注意が必要です。

スライドの文字が小さいと思ったら、前のほうに座ってもらおう。

　スクリーンに一番近いのはプレゼンター自身だ。客席の最後列にいる聞き手が、あなたのスライドの文字をちゃんと読めると確信が持てるだろうかか？

#１　井出ちゃん、文字が全体的に小さくないか？

#２　そうですかねえ、前回つかったスライドと同じですよ。たぶん、読めるんじゃないですか。

#１　会場が広くなるから、ちょっと気になるんだよね。

#２　大丈夫ですよ。読めないほどに小さいわけではないですし‥‥。

郵 便 は が き

料金受取人払郵便

博多北局
承　認

0612

差出有効期間
2024年8月
31日まで

8 1 2 - 8 7 9 0

169

福岡市博多区千代3-2-1
　　　麻生ハウス３Ｆ

㈱ 梓 書 院

読者カード係　行

|ıılıılılıılıılıılıılıılı•ılıılıılıılıılıılıılıılıılıılıılı|

ご愛読ありがとうございます

お客様のご意見をお聞かせ頂きたく、アンケートにご協力下さい。

ふりがな お名前	性別（男・女）

ご住所 ㊟

電　話

ご職業	（　　　歳）

梓書院の本をお買い求め頂きありがとうございます。

下の項目についてご意見をお聞かせいただきたく、
ご記入のうえご投函いただきますようお願い致します。

お求めになった本のタイトル

ご購入の動機
1 書店の店頭でみて　　2 新聞雑誌等の広告をみて　　3 書評をみて
4 人にすすめられて　　5 その他（　　　　　　　　　　　　　　　）
＊お買い上げ書店名（　　　　　　　　　　　　　　　　　　　　　）

本書についてのご感想・ご意見をお聞かせ下さい。
〈内容について〉

〈装幀について〉（カバー・表紙・タイトル・編集）

今興味があるテーマ・企画などお聞かせ下さい。

ご出版を考えられたことはございますか？

　　・あ　　る　　　　　・な　　い　　　　・現在、考えている

ご協力ありがとうございました。

もしも文字の大きさが読みづらいと思ったら、それを最後まで引きずるのはよくない。プレゼンのできるだけ早い段階で「恐れ入りますが、前のほうで見ていただけますか」と、空席があるなら席を移動するように促すのがよい。「文字が小さくて申し訳ありません」と加えるとさらに丁寧だ。スクリーンの大きさや会場の設営自体に問題がありそうだが、臨機応変に聞き手の協力をもらおう。プレゼン成功のためには躊躇してはいけない。

読みづらい小さな文字はスクリーンに投影してはいけない

　パソコン資料などを拡大投影して説明する場面が多くなりました。投影する素材は図表や写真も使われますが、文字が多いことも事実です。あなたはスライドを見るすべての聴衆がきちんと読める大きさの文字を使っていますか。

　スライドで大きく読みやすい文字を使うことは、どの指導書にも書いてあります。「大きく」とは文字の特定のポイント数のことではありません。会場の最後列の聞き手が標準視力だとして、十分に読み取れる大きさのことをいいます。パソコン上でスライドを制作する段階で、「文字は20ポイント以上を使うのがよい」などと指定しても、上映の際にスクリーンサイズや視距離によっては、必ずしも適正な大きさにならないこともあります。本来は会場の下見を行い、スクリーンサイズ、聞き手の人数、最後列までの距離等から最小の文字の大きさを判断するのが正しいのです。

　提示した資料の文字が小さいことに気づき、「後ろの皆さんは読みづらいと思いますが…」などと言い訳をするプレゼンターがいます。プレゼンターの意図とは裏腹に判読不能な文字を出されると、聞き手は混乱とストレスを感じてしまいます。文字を

出すということは「読んでほしい」ということ。文字が小さいということは、「読まなくてもよい」ということ。読んでほしいのに読めない、このような状況を「二重の拘束性」といいます。「すみません、後方の人はちょっと読みづらいかもしれませんが…」など、決り文句のようなプレゼンターのコメントは、言い訳以外の何ものでもなく、まったく状況の改善策になりません。

　前述のようにスクリーンサイズに対する最小文字の大きさが推定されても、実際にプレゼン会場と同じ条件で事前に上映することはほとんどありません。多くの場合は机上のパソコンで資料を作成し、そのまま本番に持ち込むことになるでしょう。この場合はパソコンのモニター上で事前の確認をすることをおすすめします。仮に25インチモニターを使用して作業をしている場合は、パワーポイント等をフルスクリーン表示した状態にしておき、標準的な視力の人ならばモニターから約2.5mの距離で文字の読みやすさをチェックするとよいでしょう。スクリーンの選定を行うなら、会場の最後列までの距離は、スクリーンの高さの8倍を最大値としましょう。この条件下なら先のモニターチェックしたスライド文字は、ストレスなく読めるはずです。

　背景と文字の色、コントラスト、字間、行間、書体等の細かい条件は除外しますが、文字サイズのおおよその目安にはなります。

※詳細は拙著『プレゼンテーションの教科書＜第3版＞』日経BP社,2015,p120「適切な文字の大きさと鑑賞距離」を参照のこと

Case 18　重要でないスライドは早送りでリズムを出す。

　経営コンサルタントの堺先生はセミナー用にたくさんのスライドを用意している。おかげでいろいろなテーマに対応できるので、事前準備の時間が節約できるようになった。

1　用意してきたスライドですが…いろいろありますが…
　とコメントしながら…

1　これはここ10年間のGDPの推移ですね。
　といって数秒もたたないうちに次のコマに進めた。さらに…

1　これは、いいでしょう。日銀短観ですが、このあたりは飛ばしましょう…すみません、これも飛ばします…。

　結局、5枚のスライドは何の説明もなく、パラパラと送られた。

時間がないとき、あるいはあまり重要でないと判断されるスライドは、なるべく早めに切り替えて、聞き手が注目して興味を持つ前に進めてしまうのがよい。その時は左記のように、早送りする理由もあわせてコメントするとさらによい。不要なスライドを延々と見せられるのは聞き手にとっても苦痛であるし、何よりもプレゼンターの説明のリズムも乱れてしまう。

　複数枚をまとめて飛ばしたいときは、その冒頭で「何枚かのスライドを飛ばしますが、説明不要のものですのでご了解ください」などと入れると、聞き手も状況がつかめて安心する。不要なスライドは、せっかく映したのだからという理由で説明するのはやめておこう。

スライドの早送りをしてはいけない。 二重の拘束性を避けるためには、 不要なスライドは事前にはずしておく。

　スライドは十分な資料の提示時間をとる必要があります。プレゼンターが自分のペースで資料を流すとき、聞き手がまだ読み終えていなかったり、図やイラストを十分に見ていないのに次の資料に替えるときがあります。さらに「これは飛ばしましょう」などと言いながら、数枚を1秒足らずで早送りするプレゼンターもいます。「飛ばす」資料は最初からプログラムしてはいけないのです。一瞬スクリーン上に映るのに見せる意思がないとわかれば、聞き手の不快感は募るばかりです。スクリーンにスライドを投影するということは「見てください」という意思表示です。すぐに消すのは「見なくてもいい」という意味です。見せたいというのに見ることができない。これも「二重の拘束性」を持ち込む悪い例です。一つの提示資料はそれを見終えるために十分な（適切な）時間を確保することが聞き手への配慮です。

　準備した資料を見せないのは、聞き手に対して失礼です。まるで「私は今日のプレゼンテーションのために沢山の資料を集めました…」と言わんばかりに、次々に見せつけるように送る人がいます。見方を変えれば別のところで使った資料をその日のスピーチの構成を検討もせずに持ち込んでしまって、本番にな

って必要性がないことに気づいた…とも受け取れます。聞き手にとってはまったく不愉快な話ではありませんか。

　また、プレゼンターは資料を自分で制作したり、少なくとも事前に見ているので内容を承知しているはずです。何度か見慣れてくると、内容の複雑さや情報の多さもさして気にならなくなるものです。このことが初見の聞き手との大きな認識のズレとなり、つい提示時間が短くなる原因ともなるのです。

　多くの書き込みがあり、複雑な内容は時間をかけて説明するのかというと、確かに時間配分の理屈はそうですが、一方でスライド1枚には1テーマです。できるだけ単純化した情報を取り込むという原則に反します（これは次に説明しましょう）。

Case 19 1枚のスライドにはなるべく多くの情報を入れて充実させよう。

　できるだけ密度の濃いスライドを用意すべし、と先輩に教わった。それをプリントしたときに資料としても使えるように、情報を盛り込んだ方がよいのだそうだ。入社2年目の山本さんはそれを実践していた。

#1　井上さん、あのプロジェクト概念図は細かすぎないか？

#2　配布資料に使っているものと同じで、そのままなんですけどお。

#1　重要な数字やキーワードだけを出さないと、図が複雑で彼らにはわからないよ。

#2　でも先輩…作り変える時間がないんですよね。

プレゼン作業は多くの時間とエネルギーを割く。できれば企画書やその他の資料で使った書類のページや図表がそのまま使えると便利だ。さらに聞き手はなるべく多くの情報を求めているはずなので、1枚のスライドは大切にデザインしてできるだけ複数の情報を盛り込むのが合理的である。何枚ものスライド送りを煩わしいと思う聞き手もいるので、そこに配慮して多くの情報が1枚で完結するようなスライドにしたい。

聞き手の読み取りに負荷をかけない、シンプルなスライドデザインを心がける。

　配布した資料に掲載してある図表やグラフ等の細かい図版を、そのままスライドにして投影することはないでしょうか。プロジェクターを単なる資料の「拡大投影機」だと勘違いしてはいないでしょうか。配布資料と同じ情報で、しかもそれで説明がつくのなら初めからスライドにする必要はありません。スライドは語られる情報の要点を書き込むというのが基本で、配布資料と役割が違うのです。プレゼンテーションを目前に控えて情報を加工する時間がなく、つい配布資料とスライドと同じもので使いまわすことがよくありますが、スライドでなければならない使い方になっていません。

　スライドの制作で犯しやすいまちがいのひとつに、情報の盛り込みすぎというのがあります。メッセージの送り手と聞き手の決定的な違いは、これからプレゼンテーションされる情報の受け入れの回数です。プレゼンターは計画段階からリハーサルまで幾度となく内容を検討したり読み返したりしているために、相応の周辺情報まで予備知識としてもっており、内容の理解にさして不自由はないはずです。一方、聞き手にとっては「情報の１回性」が原則であり、同じプレゼンテーションを２度受けた

り、復習する機会も余裕もまずないと考えるべきです。その1回限りの説明で理解してもらえる情報量であるか否かを冷静に判断しなくてはいけません。

　その判断の拠り所となるのは、聞き手の専門性や予備知識、テーマへの関心度などで異なるため、一般論としてスライドに掲載された情報の多寡を論ずることは難しいのですが、概して要点を簡潔にまとめるのが基本です。熱心でかつ凝り性のプレゼンターほど、緻密なスライドをつくる傾向がありますが、独りよがりになることなく、聞き手の調査やプロジェクトメンバーの助言等を参考にして、「聞き手の理解の許容範囲」で情報を整理してほしいものです。プレゼンターを含むプロジェクトのメンバーは、企画立案した当事者であり報告書を書いた本人です。メンバーたちは書き込み（情報量）が多くてもその内容を容易に理解できてしまいますし、それによってつい情報過多を見過ごしてしまう背景があるのです。

Case 20 あなたはプロだ。慣れない機材も
使いこなすくらいの余裕がほしい。

　順調に進めていたスライドショー。スライドにはめ込んだは
ずの動画。そのアイコンをクリックしてもなぜか動画に切り替
わらない。プレゼン慣れしていたはずの海津主任はめずらしく
慌てたように…。

#1　あれーっ、すみません。おかしいなあ…。

　　30秒が過ぎ、1分が過ぎ。プレゼンは中断。会場はシラケて
　　きて…

#1　……昨日はうまくいったんですが‥‥もう少しお待ちく
　　ださい。パソコンを再起動してみます。

プレゼンあるあるだ。

　例えば開始直前に、スライドの縦横比が正しくないことが判明。なぜか小さく映ってしまう。最近のプロジェクターは優秀で自動判別するので、このような状況を経験することはめったにない。したがってもしそんな事態に遭遇したら、悩まずにすぐに助けを求めたほうがよい。どんなメーカーの機材でも本質的には大きな違いはないはずなので、分かる人が周囲に必ずいる。トラブルも冷静にみればすぐに解決する。運営のスタッフもいる。場合によっては聞き手の中にも機器に精通した人がいるかもしれないので、少しは同情をかうくらいの困り顔で、一刻も早く声をかけてみよう。

法則:20　プレゼン用の機材は使いこなせて当たり前。扱いに習熟するのもプレゼンターの仕事だ。

　スライドは順送りで進めるかぎり、さして問題はありません。確実に1コマ目が提示されていることが確認できれば、あとはEnterや↓キーによって進行できます。ところが何かのはずみで数コマ進んだり、初期画面に戻ったり、予定外の画面が表示されることがあります。また、聞き手の要望により、特定のスライドを即刻探して映し出さねばならないこともあります。スライドの表示（あるいはパソコンの操作）で習熟すべきは、アクシデントや突然の聞き手の要望に速やかに対応できる操作の要領です。決定的な機械の不具合に見舞われない限りは、このような操作に手間取ることは許されません。操作の不手際は、プレゼンターの資質を疑われかねない重大な失態だと認識すべきです。パソコンやスライドはプレゼンテーションの道具にすぎないので、プレゼンターたるもの「スライド・ジョッキー」よろしく使いこなせてこそ、自らのしゃべりに集中できるというものです。聞き手の立場からすると「ちょっと操作に不慣れなものでして‥‥」とか「すみません、もう少しお待ちください」など絶対に聞きたくないことばです。

　プレゼンテーションに使用する機材はノートPCだけではな

く、タブレット、スマホ、音響機器、持ち込みのプロジェクター、試作した製品などさまざまです。これらが確実に操作できるようリハーサルをするなど、日ごろから扱いに慣れておく必要があります。アシスタントがいるならその人が習熟していなくてはいけません。他項でもふれましたが、プレゼンテーションは1回だけ与えられる時間です。最高のパフォーマンスが実行できるように、自身が操作する機材（ソフトも）は使いこなせるように心がけてください。

　機器の操作の基本は「目立ってはいけない」ということです。操作ミスや不慣れは否が応でも聞き手の注目を浴びてしまうのですが、プレゼンターとしてもそれは本意ではないはずです。パソコンそのもののプロになる必要はありませんが、せめてスライド（例えばパワーポイント）の扱いに関してはしっかりと身につけておきたいものです。発表会場側が善意で用意したパソコンが初めての機種の場合、不用意にこれを使うとうまく対応できないことがあります。スムーズな操作や扱いはできて当たり前ですが、これがプレゼンテーションにある種の安定感と聞き手の安心感をもたらします。

相手を説得せしめる「強さ」をもとう。
すべての聞き手は「敵」だと思え。

　　プレゼンを終えた池松部長は額に汗をにじませていた。説明のことばは、終始熱をおびるほどに強烈だった。得意先はいささかうんざり気味だったが、プレゼンターは満足気だった。

#1　部長、ちょっとキツイ言い方じゃなかったですか？

#2　いやいや、多少は強く出たほうが、提言に迫力が出るんだよ。

#1　でも気をつけないと、ヤなやつだと思われますよ。

#2　そうではなく、私の経験からみて、得意先は強引なほどの
　　コメントを求めているんだよ。頼りがいのある強さが必
　　要なのよ。

#1　へ～たしかに、そうかもしれませんね。

プレゼンでの発言がいささか「上から目線」だとしても、聞き手からは強い意思と、ほとばしる熱意のあらわれだと感じてもらえるだろう。説得調で進行するコメントは一見、押し付けがましいようだが、相手を「敵」だと思えるほどの強い攻撃的なプレゼンテーションは、自信に満ち満ちた精神の証だと感じてもらえるはずだ。強烈な余韻を残すことは競合プレゼンテーションの基本だ。

プレゼン成功のためには、すべての聞き
手を「味方」につけるつもりで対応しよう。

　好んで他人に不快感を与えようなどと思う人はいないでしょう。プレゼンテーションはむしろ、いかに好意的に受け取ってもらうかを競う場でもあるのです。高い緊張感を伴うプレゼンテーションでは、プレゼンターの何気ないひと言や、思わぬ行動が聞き手に強い不快感を与えてしまい、円滑なコミュニケーションを阻害してしまうことがあります。無神経な対応で聞き手の神経を逆なでしたり、信頼を損なうような状況をつくると、こちらを支持する気持ちは失せ、むしろ敬遠されてしまい、そうなると良い結果は望むべくもありません。プレゼンターはどのような場合に聞き手に拒絶反応や不快感を起こさせるのでしょうか、次の状況をチェックしましょう。

（1）聞き手が自分の得意分野を侵されたと感じたとき。専門家
　　　は自分の専門領域をうわべの知識で侵されることを不愉快
　　　に感じるものです。
（2）相手の自尊心を損なうような言動を行ったとき。「車は2、
　　　3年で買い換えたほうがよい」「カラオケはすでに過去の文
　　　化です」「一人っ子はかわいそうだ」…など。聞き手の家庭

の事情や価値観などと対立することばは、不快以外の何ものでもありません。

(3) 感性や趣味の違いが明らかなとき。パワーポイントの操作時の効果音が嫌いな人、Tシャツにスーツを着ることを絶対に受け入れられない人など、聞き手とプレゼンターには予想もしない感性のズレがあります。

(4) プレゼンターを生理的に受け入れられないとき。例えば、髭が嫌な人はたとえ手入れがなされていてもダメです。酒とタバコでつぶれたような声に拒否反応を示す聞き手もいます。

(5) 心理的にストレスを感じたとき。提示資料が自分にはよく見えなかったとか、専門用語が正しく理解できなかったなど、聞き手にとっての公平性が確保されないとき。

　聞き手はあらゆる方向から、内面も外見も含めてプレゼンターを観察しています。このことを意識しすぎて態度が萎縮したり、プレゼンテーションそのものが聞き手に迎合することは避けなくてはいけません。しかし少なくとも聞き手に不快感を与えるということは敵対関係に等しい状況であり、プレゼンテーションの成功のためには極力避けねばなりません。

言い訳や愚痴はうまく使えば
非常に有効。次に生かそう不平不満。

　プレゼンが終わった後に、プレゼンターからいろいろ文句が
でる。準備をしていた（はず）のに、それなりにうまくしゃべっ
た（はず）のに、なぜかすっきりしない。

#1　あんなに大勢いると喋りにくかったですよ。話が違うじ
　　　ゃないですか。

#2　人数は確認しなかったのか？

#1　しましたけど、あらかじめ聞いていた人数より多いので、
　　　ちょっと戸惑いました…それに…なんか、反応もあまり
　　　ないし…話の内容は単純なんですがね…。

#1　あ、それにブラインドが壊れていたでしょう。窓明かり
　　　のせいで、スライドの映りがイマイチよくなかったです
　　　ね。あれは参ったなあ。

プレゼンターも人間。不平や愚痴もこぼすだろう。プレゼンターの責任は本番で説明し尽くすことだ。そのことに全てを集中することでプレゼンテーションにおける責務を全うすることになる。プレゼンターに余計なエネルギーを使わせてはいけない。本番で聞き手の反応が鈍くてもそれはあくまで聞き手の問題であって、プレゼンターには何の非もない。場合によっては相性が悪かったということもあるだろう。会場が準備した備品や機材に不備があったとしても、それは相手の管理上の問題だ。もし不備がプレゼンに影響を与えたとしても、それは「減点」にならないのが通例だ。

あらゆる種類のいいわけは禁物だ。不満の原因のほとんどはプレゼンターにあると思ってよい。

　プレゼンテーションが成功したときは、プレゼンターはもちろん、スタッフ全員が喜びを分かち合える余裕があります。うまくいったときはどんなトラブルに見舞われてもそれは自慢話にすりかわるものです。ところが失敗したときの常として、ほんの些細な問題でも人のせいにしてしまいがちです。そしてさまざまなトラブルへの不平不満は、プレゼンターの単なる責任転嫁としか聞こえないことも多いのです。

＜聞き手の反応に対して＞…「話を進めても、どうも反応が鈍いですね。わかってくれたのかどうか、リアクションがないから詳細説明に入っていいものかどうか不安でしたよ。」

＜相手の知識レベル＞…「相手は通信技術の素人ですから、よく理解できなかったんじゃないでしょうかね。はっきり言ってレベルが低いですよ。」

＜性格や態度のこと＞…「あの人たちは最初から批判的に聞いていますから、これではうまく伝わりませんよ。」

＜会場や部屋のこと＞…「部屋が広くてちょっと散漫になりましたよ。それとスライドを映すときに部屋の明かりが全部消えたので、手元資料が見えづらくて焦っちゃいました。」

＜時間のこと＞…「時間が足りなかったです。まさか途中でいき

なり質問が出されるとは思ってなかったんで、最後のまとめの
部分はあまり喋れなかったですね。」

　どこからでも聞こえてきそうな愚痴ですが、プレゼンターた
る者が何を言っているのだと、私は言い返してやりたくなりま
す。現象的には聞き手や会場の側にも問題があるように見えま
すが、ことの本質は事前の取材不足、準備不足、即時的な対応の
不手際、余裕のなさ、適切でないことばの選定、不十分な説明な
ど、不満の裏側にはプレゼンター自身の問題が介在していること
とがわかります。不平不満が口から出るときは「全ての責任はプ
レゼンターにある」という前提を思い起こしましょう。

　とはいえ、例えば予定外に社長や役員が入室してくる、予定し
ていた部屋が急に変更になったなど、突発的に状況が変わるこ
ともあるでしょう。しかしあえて誰かの責任を問うことなく、プ
レゼンターはうろたえた様子を見せないことも必要です。不測
の事態も冷静に見極めて対応する。平静さを失うのは同席して
いる新人のスタッフだけで十分です。トラブルも演出に取り込
むくらいの余裕をもたなくてはなりませんし、不安を表情やこと
ばに出してはいけません。高座の落語家ではありませんが、「冷
や汗はシャツの内側と足の裏でかけ」と言いたいところです。不
平不満があるとすれば、先ず自らに問いかけること。プレゼン
ターの責任の重さを感じてほしいものです。

質問者が戸惑ったり、恥をかいたとしても気にしてはいけない。あなたは折れることなく終始堂々と。

　プレゼンテーションのテーマについて、あなたは専門家だ。聞き手の質問やコメントにいちいち惑わされてはいけない。説き伏せるくらいの余裕と自信と強さをにじませるような対応をしよう。

＃1　いまご説明のあった新製品は、留学生には操作表示が分かりづらいのではないでしょうか？

＃2　ああ、それは非常にいい質問ですね。

＃1　では宮崎先生、日英韓中併記がよいと思いますがいかがでしょう。

＃2　まあしかし、留学生にはまず、日本語の勉強をしてもらわないと困りますね。この製品、多くは日本の学生が使うので問題ないでしょう。

いい質問だと思えば左記のようにそう言い、平凡だと思えば「想定の範囲内の疑問がでましたね（笑）」と評する。さらに相手が理解していないと思えば質問者に反論してもよい。これがプレゼンターの立場からは自然な対応だ。場合によっては、質問者はやり込められて少々はずかしい思いをするだろうが、質疑応答を有意義な時間とするためには正直に、そして大胆に、きっぱりと対応すべし。くれぐれも質問者にこびるような態度をとってはいけない。あなたは主役なのだから。

どんな質問やコメントにも
丁寧に対応する謙虚さが求められる。

　プレゼンテーション後に質問をするのは勇気のいることです。愚問だと思われたくない、些細なことかもしれない、言葉が整理されない。それにもかかわらず手を上げた方には、どんな質問であっても感謝しなくてはいけません。

　質問・疑問は、プレゼンテーションを受けた後、聞き手の理解度やテーマへの関わり方、感心の度合いや、興味の対象によってさまざまであり、その個人差が質問の違いとなって現れます。したがって私は「いい質問、悪い質問、重要な質問、軽い質問」はないと思っています。プレゼンターは質問を受けそれに誠意を持って的確に答えるという責務を全うする立場であり、質問のレベルや価値を勝手に評価することは避けなくてはいけません。仮に核心を突いた質問が出されたとしても、挨拶のようにつける「いい質問ですね」など明らかに余計なひとことであり、素朴な疑問をいただいたその他の人たちの、発言の意欲を削ぎかねない軽率なひとことです。「いい質問」と言われなかった質問者は落ち込んでしまいます。質問はプレゼンテーションした内容への関心の証です。したがって質問者には常に敬意をもって公平に対応するという基本姿勢を忘れてはいけません。

　プレゼンターが容易に答えることができそうな質問だと感じても、また質問の途中でその意図が分かったとしても、質問者には最後まで発言してもらいましょう。相づちまがいのひとこと

で質問を中断したり、質問を分かったかのようなことばをはさむのは失礼極まりない対応です。また、単純な質問や答えのやさしい（と思った）質問で、自分は内容を理解したと先走りしてしまい、相手の発言がまだ終わっていないにもかかわらず、すでに答えを用意することに考えをめぐらせていることはありませんか。そうなると質問者にとっての核心的なことがその後出てきていても、質問の要点を見失ってしまうことになります。結局、的外れな答えや、更なる疑問の残る答えしか出せず、失笑をかうことにもなりかねないのです。最後まで質問発言をさせてもらえないときは、質問者も恥ずかしい思いをするはずです。

　質問者はいつも好意的とは限りません。明らかにいやがらせではないかと思いたくなるような質問もあります。この質問の背景には、聞き手の元来の性格が攻撃的でかつ批判的なものの見方が習慣化しているという心理に根ざしている場合と、もうひとつは意図的にプレゼンターのストレス耐性が試されている場合とがあります。どちらも感情的になることを避けるのが肝要で、質問の真意を受け入れたことを意思表示したうえで、徹底して冷静な回答を心がけなくてはいけません。質問そのものを否定したり、軽視したりする態度はプレゼンターの人間性が疑われますし、これではプレゼンテーションの結果が良い方向に向かうはずがありません。発表者はどのような厳しい質問でも甘んじて受けねばならず、その意味ではプレゼンターは真摯な聞き手であり善意の回答者でなくてはならないのです。

Case 24　質問者には真正面から対応すべし。
　　　　　周囲を気にすると質問者に失礼だ。

　研修会は講師からの説明がひと通り終わって質疑応答にうつった。参加していた福嶋さんは、ずっと質問者の音声が小さいと思っていたが、とうとうたまりかねて、隣に座っている人に小声で、遠慮がちにたずねた…。

#1　あのお、すみません。今の方の質問ですが聞こえました？
#2　いやあ、私もよく聞こえなかったのですが。
#1　そうでしたか。いや、次に同じ質問をするとみっともないんで、ちょっとお聞きしました。
#2　はあ、すみません。

発言中の質問者は基本的には一人だ。その質問者に誠意をもって答える。質問していない聞き手はその対話を聞いている。この関係は崩してはいけない。聞き手のすべてに聞こえるように質問をするのは、いうまでもなく質問者の責任であり、まちがってもプレゼンターが「今の質問は聞こえましたか」などといってはいけない。もし聞こえないときは、他の人が「今の質問は聞こえなかったのでもう一度お願いします」というはずだ。

質問者には丁寧に対応する、
敬意をもって接する。
そして質問への感謝を忘れてはいけない。

　人前での発言はなかなか勇気のいることです。聞き手の中には、人前での発言は気後れして恥ずかしく奥手だと思っている人も多いでしょう。たまたま発言者と同じ質問を暗に抱いている人もいるでしょう。上司と部下が混在する場合は若手の遠慮もあるし、疑問が整理されずに質問としてまとまらない人もいるに違いありあません。したがって質問を受ける時は「1対1」であっても、答える時は「1対すべての聞き手」という意識をもって対応しなくてはなりません。アイコンタクトが主として質問者に向けられるのはごく自然ですが、すべての聞き手への配慮は、自ずと視線も質問者以外を意識するはずです。質疑応答の場面もまたプレゼンターの人間性や、説明の技術、補助資料の使い方など多くの要素が凝縮されています。ここで気を抜いてはいけません。すなわち質疑応答もプレゼンテーションそのものなのです。

　また、質疑応答の場面では、質問の形をとりながら実は反論であったり、具体的な回答を求めない感想であったり、質問なのか意見なのか要領を得ない曖昧なコメントだったり、さまざまな言葉が投げかけられます。プレゼンターはそれらを正しく聞き

分け、聞き手オリエンテッドな精神で応答しなくてはいけません。「質問の主旨がわからないのですが」と言い放つのは簡単ですが、もし発言の意図が読み取れない場合はプレゼンターなりに解釈して「…というご質問と理解してよろしいですか」と誘導するのが好ましいのです。

　さらに前列の聞き手からの小声の質問はプレゼンターには聞こえますが、その他大勢の参加者にはほとんど聞き取れないという状況もあります。このときはマイクを通して質問を繰り返すことを忘れてはいけません。これもまた質問者以外のすべての聞き手への配慮です。

　つい先ほどまでは、プレゼンターのペースで（自身がコントロールして）一方的に喋っていましたが、質疑応答はそれとは異なり、自分の得手不得手や準備の状況とは一切関係なく、思いもよらない問いかけがなされることがあります。ですから相応のプレッシャーがかかり精神的にも不安定になることもあるでしょう。ある意味ではプレゼンターにとって最後にして最大の緊張した局面です。一人の質問者からの問いかけはすべての参加者に返すこと。この精神を忘れてはいけません。

プレゼンは闘いの場だ。
相手が疲れるくらいに押しまくろう。

　聴衆の一人が質問した。「洋食の配膳で、肉用と魚用のナイフとフォークはどちらを外側に置くのか」という単純な質問だった。しかし柴田先生の回答は洋食の歴史にまで及び、延々と続いた。そうして…。

1　ということです。いかがでしょうか。ご理解いただけましたでしょうか。

2　あ、はい、ありがとうございました。

1　ついでに、よい機会なのでフォークの持ち方についてもご説明しておきましょうかね…。

　と勢いで、質問されていないことにまで回答が及んで、ユーモアたっぷりの「補足」で話が盛り上がってしまった。

プレゼンターのエネルギーには圧倒された、と評価されるほどに勢いのあるパフォーマンスを目指してほしい。聞き手がストレスを感じたとすればそれはプレゼンターの熱意の裏返しでもある。そう思うくらいが、実はちょうどいい。繊細さよりもむしろ大胆さ、神経質であるよりは図太さ、気遣いよりも強引さを前面に出す方が望ましい。これが実現できればきっと「キミのプレゼンも変わってきたな」と評価される。

聞き手がストレスを感じたら、
それはプレゼンテーションの失敗です。

　終了後にある種の爽快感や、満足感をもたらすプレゼンテーションを行いたいものだと、誰しも考えます。プレゼンテーションは場数を踏むたびに慣れもでてくるし、要領もよくなります。さまざまなアクシデントにも冷静に対応できるようにもなるでしょう。しかしながら聞き手の多様な立場や状況を考えると、上手くいったはずのプレゼンテーションが意外なところで聞き手に不快感を与えていることがあるのです。ここではプレゼンテーションを受ける時にどのような状況や場面でストレスを感じ、不快な印象をもつのか、聞き手への調査からいくつか紹介しましょう。必ず思い当たることがあるはずです。

（1）スタッフがたくさん登場して説明が一貫しない。説明の内容によるが、専門分野あるいは担当分野ごとにプレゼンターが入れ替わるのは煩わしい。スピードも、声の調子も異なる人が短時間で入れ替わるのは聞きづらい。

（2）プレゼンに大人数で来られても困る。こちらが何人で聞くのかくらいは事前に調べておくべきだ。双方の適切な人数バランスというものがあるだろうと思う。仕事をあまりしていない幹部がこのときだけ首をそろえるのは見ていて違

和感がある。熱意の表れだろうが…。

（3）不完全な資料。目次が不備、ページがない、印刷のずれや
　　ゆがみ、製本不良、汚れなど。細かいことや体裁について
　　は大らかな聞き手もいるが、私は「無神経なチーム」と烙印
　　を押してしまいたくなる。

（4）機器のセッティングがスムーズでないとき。特にパソコン
　　の立ち上げを待っている時間は実に長く退屈。

（5）質疑応答で、質問に答えてもらった後で「ついでにご説明し
　　ておきますが…」と聞きもしないことまでを聞かされる。

（6）段取りや時間管理の不備。「時間がありませんので、少し急
　　ぎます。一部は端折って説明します」には唖然とする。与
　　えられた時間は最初から承知のはずで、当方としては急が
　　れても、端折られても困る。

　このような事実があったとしても、なかなかプレゼンター本
人には伝わらないところが、優れたプレゼンターになりきれな
い理由なのかもしれません。聞き手は一人ひとり期待を持って
あなたの話を聞き、プレゼンテーションを見守っているはずで
す。得るべきものがないと分かっていれば最初から出席しませ
ん。その期待を裏切ってはいけないということです。

Case 26
映像を使えば、楽をしながら最高のプレゼンが実現できる。

　時間と予算に少し余裕があったので、企画書を説明するためにビデオを制作した。そもそも「プレゼン苦手」を自認する武田部長としては、できるだけ自分のしゃべる時間を減らしたい思いから作ったが、思いのほか魅力的な「作品」に仕上がった。

＃１　プレゼン用のビデオですが、かなりいい出来ですよ。

＃２　じゃあ、オレはあまり喋らなくてもいいよな。

＃１　はい、ナレーションも入っていますので大丈夫です。部長、今日は楽ですよ！

＃２　そうかあ、映像はちょっと長いけど最後まで流そうか。

ビデオや写真資料をふんだんに使った説明も、最近は珍しく
なくなった。専門の制作会社に依頼しなくても、簡単な資料な
ら少しの制作の知識があれば社内や個人でも準備することがで
きるようになったことも一因だろう。プレゼンテーションで使
う映像の素材は、実写はもちろんのこと、コンピュータ・グラフ
ィックスによるもの、簡単な動画、解説図やグラフ等も含まれ
る。映像の使い方には、プレゼンテーションのすべて、あるいは
ほとんどを「映像化」するもの、一部に補助的に使用するもの、
あるいは静止画のスライドショーのように、進行そのものの素
材を映像にする場合などさまざまである。映像をつかったプレ
ゼンテーションは万能だ。場合によっては頭と締めの挨拶だけ
をきちんとやれば、完璧なプレゼンが実施できる。

どんなに優れた映像を使っても、プレゼンテーションはことばを拠り所にしたコミュニケーションが基本です。

プレゼン用の映像の完成度が高いほど、ついそれに頼ってしまい、プレゼンター自身がプレゼンテーション全体をリードしていくという意識が乏しくなってしまいます。映像の完璧な構成、斬新な表現、感動的なナレーションとBGM、要所要所では効果音が挿入されています。没入感も高いため、いつしかプレゼンターの存在は遠のいてしまいました。生身のプレゼンターが「不在」とはどういうことでしょうか。

（1）メッセージを伝える「人」の情緒的な側面を組み込むことができない。聞き手の反応が見えたとしてもプレゼンターとしての即時的なフォローが困難。

（2）企画や提言内容そのものよりも、映像の出来具合や完成度などに注意が向いてしまう。

（3）プログラムされた時間を見続けなければメッセージが完結しない。つまり聞き手の都合で、途中で止めたり中断したりすることは想定されていない。

などさまざまな制約があるのです。

スピーチの主役はプレゼンターであり、映像などの視覚資料はその補助資料である事を忘れていませんか。問題の本質は「映像」そのものにあるのではないのです。映像に頼りすぎるあまり、聞き手の視線と意識はスクリーンに向かい、その時間はプレゼンターとのアイコンタクトがなくなってしまいます。それは聞き手の興味、疑問、共感などの微妙な情意を読み取れないことを意味します。

　プレゼンターは「映像の紹介者」ではないのです。ことばに託したメッセージの発信者としてプレゼンテーションを主導するのは、あくまでもプレゼンターなのです。しかし事象の変化を説明する、注視（クローズアップ）する、空間の変化（俯瞰や潜入）、時間の操作（早送り、微速度撮影）など、ことばをつくしてもなかなか伝わりづらい情報もあります。ここは「映像」の出番となります。このように適所に使えば映像は確実にメッセージを補足するでしょう。

仲間のトラブルには手を貸すな。
これが本人の成長の糧になる。

　用意した模型が、指示棒に引っかかって説明中に壊れてしまった。プレゼンターの田中くんにとっては思いもよらないトラブル。ここであわててはいけないと思ったのか、チームの木屋課長は黙って事の推移を見ていた。ひとり田中くんはあわてて仮補修をする。その手が緊張のために震えていて少々気になる。くだんの課長は怪訝な顔をしてただ見ているのみ。

　心中では「この危機的状況を乗り越えてこそ、お前はきっと成長する。耐えろ、なにモタモタしている、急げ！」。突き放したような課長の対応は、実は危機回避を教授するのための絶好の機会をうまく活用している例だ。プレゼンの評価自体は散々だろうが、長い目で見ればトラブルを一人で乗り切ることは、本人のため会社のためでもあるのだ。模型の補修は、およそ３分かかって終わり、プレゼンは再開した。

試作品を配布した。参加者は得意先の社長以下8名。全員に
いきわたりしばらくして、「動かないよっ」との声。一部、動作不
良部分があり、修正中であることを自分は知っていたが、参加
者へ事前に伝えるのを失念してしまっていた。技術担当から絶
対に前もって参加者へ説明するよう、厳しく言われていたのに
…。あろうことか社長からの指摘だった。不機嫌そうな顔。

────────────────────────────── ─ ─ ─ ─

　いつもどおりにノートパソコンを見ながらのプレゼン。スク
リーンには同じ画面が投影されている。しかし、コマを送るにつ
れて違和感が。どうもおかしい。これはマズイ。本番直前にデ
スクトップから立ち上げたパワポは修正前のものだったのだ。
同じアイコンだし、似たようなファイル名。やってしまった。

────────────────────────────── ─ ─ ─ ─

　どんなに厳しい状況であっても、誰も助け船を出さない、助言も
フォローコメントもない、同情こそすれ手を貸さない。それに耐
えてこそ一流のプレゼンターへの近道だと、諸先輩は信じている。

トラブル発生の時はチームで即時対応する。

　プレゼンテーションにトラブルはつきものです。特に本番中に予期せぬ事態に陥ったとき、プレゼンターだけでなくチームの全員が慌ててしまいます。パソコンがフリーズしてしまった、必要な配布資料が手元にない、映像データの頭出しができていなかった、演台の水がこぼれた、マイクが突然の不調…予告ナシにいつでもトラブルは起こってしまいます。

　大切な事は、チームメンバーは事態を瞬間的に察知して、プレゼンターが一人で解決できるのか、他人のサポートが必要かを見極めてすぐに行動を起こすことです。トラブルの原因が何であれ、すでに進行しているプレゼンテーションを休止するような余裕はありません。迅速にしかもスマートに対応します。危機管理の不備や、人的ミス、あるいは緊張感の欠如、予測不能な機械の不良など、原因を究明したり、メンバーの不注意を叱咤するのはすべてが終了してからのことです。厳しい姿勢をアピールしたいのでしょうか、プレゼンの本番中にミスをした部下を聞こえよがしに怒る上司がいます。これはプレゼンテーションの成功のためには何の役にも立ちません。言い訳にならないように注意しながら、元のプレゼンペースに戻すのが、控えとして

いる上司のなすべき事です。

　時としてプレゼンターが何かのトラブルで進行に不具合が生じたとき、他人事のように静観するスタッフの気が知れません。これがまた上司と称する人間に多いのです。一刻も早く復旧できるように、チームの一員として最大限の努力をするのが当然でしょう。まるで第三者のように傍観し部下に冷たいと腹立たしいものです。その一方で、機器トラブルの時にメカがわかるはずもない上司が、ただ不具合の出た機械を覗き込んでいるというのもみっともないし、他にやるべきことがあるだろうと思ってしまいます。たとえばプレゼンテーションの進行順序を変えるようアドバイスする、復旧作業中に話題を引き取ってフォローするなど、さまざまな支援の仕方があります。

　プレゼンテーションを成功させるためにチームは一丸となり準備をして本番に臨みます。一方でトラブルが発生したときも同様でなくてはなりません。一刻も早い復旧のためになすべきはプレゼンターだけの仕事ではないのです。

トラブルは素直に慌ててよい。
聞き手の同情をかうのも便法だ。

　プレゼンが始まって5枚目のスライドを送るキーを押したときだった。あろうことか組込んでいたはずのスライドNo.6がなくなっていて、No.7が映っている。焦る安河内くん。

#1　あれ〜っ！

　そのひとことで一瞬、会場はプレゼンターに注目
　独り言のように…

#1　1枚スライドが入っていないですね…おかしいなあ…
　スクリーン上に無神経にスライドの一覧を映し出したあげく

#1　ちょっと入れ忘れですかね、すいません。え〜っと、ここで説明したかったのは前のスライドの補足なので、まあ、なくてもいいです。はい、申し訳ないです。

大事なのはトラブルがわかったときに、正直に状況説明して、うろたえた様子もそのまま見てもらうことだ。隠す必要はない。突然のトラブルも聞き手とうまく共有できれば、かならず誰かが助けてくれるし、同情も理解もしてくれる。これに対して会場から非難されることはまずない。あなたはすぐに、プレゼンの聞き手は意外に失敗に対しては寛容であることに気づくだろう。このような経験を積むと、問題が起きた時には「素直に慌ててよい」ということを学ぶだろう。

できるだけトラブルなど なかったかのように振る舞おう。

　何事もなくプレゼンテーションが終了することをみな願っています。それは聞き手のほうも同じです。そして何かあっても、何事も無く進行したと思わせるのはプレゼンターの重要な役割であり手腕です。プレゼンテーションにも危機管理はありますが、どんなに念入りに準備をしていても本番でのトラブルは「ありうる」と心得ておきましょう。

　マグネット付きのボードがずり落ちた、回覧中に実物模型が壊れた、予定外のところで部屋の電気が突然点灯した、手元資料の一部がないことに途中で気づいた、アシスタントが来ない、聞き手の一人が企画書の「落丁」を指摘した、スタッフの携帯電話が鳴った…などトラブルはいつ発生してもおかしくありませんが、そのどれもがドキッとすることばかりです。

　プレゼンターが何らかの異常に気づいた瞬間、ハッとすると同時にそのことを言葉にしてしまいがちです。「あ、すみません」、「もう一度やりますので…」、「ちょっとお待ちください」などつい口にしてしまいます。もし身内だけが気づいたトラブルで進行上致命的な問題でなければ、このことはあえて持ち出して謝罪を入れることはせず、何事もなかったように、あるいは元々そうであるように振る舞えばよいのです。即刻、あるいはプレゼンテーションを中断することなく修復できるときも、わざ

わざ言葉に出す必要はありません。正直であることはよいのですが、人知れず進行の流れに溶け込ませることができるのに、あえて公表することはないのです。プレゼンテーションを滞らせずに進められるなら極力そうすべきです。

　また進行を中断せざるを得ないほど事態が深刻なとき、プレゼンターの度量が最も問われます。聞き手もチームメンバーにも緊張がみなぎり、ついあたふたとしがちです。アシスタントも右往左往するでしょう。こんなときこそプレゼンテーションをリードするプレゼンターは状況を冷静にみて、最善の策をとってください。

　プレゼンターは常に冷静でありたいものです。トラブルが発生しても一緒になって慌てる必要はありません。安心感、信頼性、変化する事態への対応能力、セルフコントロールなどプレゼンターの資質はそのままチームの個性であり、提案する企画内容に重ねて印象付けられるものです。聞き手はそのような提案者（社）に期待したいと思うでしょう。慌てるのは周囲の人間だけで十分です。

　アシスタントがプレゼンターの谷口係長にそっとメモを渡した
「技術説明担当の阿久沢さんがまだ来ていません」
　谷口係長はメモにチラッと目をやった。その後の技術解説は少々あっさりしていたものの、そのまま一人で最後まで説明し続けた。

Case 29

他人のプレゼンは参考にしない。
ブレることなく独自のスタイルにこだわれ。

　良いところも悪いところも他人のプレゼンは気になるけれども、あまり関心をもたないほうが自身のためである。いったい小学校から今日まで何年かけて「自分流」を積み上げてきたのだろう。自己流とは他人が踏み込めない、無類の価値があるのだ。それを続けてこそ、いつしか「〇〇スタイル」として誰しも認めるようになる。自己流を守るためにも、他人のプレゼンに対してコメントを求められても、差しさわりのない程度にとどめよう。

#1　森山さんのプレゼンは、そうね、まあまあだったかな。いいんじゃないですか。

#2　ええ、坂西くんも可もなく不可もなく、ってとこですかね。

#1　ということは、全体的にみて、まあこんなものでしょうねえ。二人ともいつもどおりだったし、「それなり」ですよ。

いまは個性の時代。プレゼンテーションも例外ではない。声の質や話し方、あるいはスライドのデザインやスピーチの組み立てまで、その人らしさが必ず出てくる。プレゼンのスキルアップのために他人のプレゼンを参考にせよと言われるが、良くも悪くも影響をうけるものである。せっかくのあなたのスタイルが無くなりかねないし、修正しようとするあまり余計な緊張感や不慣れな立ち居振る舞いで、ぎこちない印象が持たれてしまう。あなたらしさが見えない最悪の事態である。こうならないように、自分のスタイルを固持することが大事で、プレゼンテーションの研修講師が引き合いに出すような「参考事例」をうっかり受けいれないこと。聞き手があなたの喋りに慣れるのに、さほど時間はかからない。

他人のプレゼンは厳しい目で見て評価しよう。その心掛けがあなたのスキルアップにつながる。

　他人のプレゼンテーションを観察していると、あるときは中座したくもなるし、あるときは苛立たしさを感じることがありませんか？　声が小さい、説明がくどい、原稿の棒読み、結論がない、時間オーバー…気が付けば心の中で不快感をあらわにしていることすらあるでしょう。私はこの不満を単に感情レベルに留めるのではなく、適切な説明がつくように前向きに批評をすることが、自身のプレゼンテーションのスキルアップにつながる有用な見方であると考えます。

　他人のプレゼンテーションを批判的にみることは、問題点や課題を積極的に引き出しながら、批判的に検討する能力を養うことを目指しています。これは決して相手を卑下したり欠点をあげつらうのが目的ではありません。面白くない、よかった、といった紋切り型のコメントを超えて、なぜ単調だったのか、要点がはっきりしないのはどんな理由によるものかなど、解説的に分析しながら自分が聞いたプレゼンテーションの魅力や問題点を可能な限り明らかにして、自らの行動に反映させることを目指してほしいのです。

　批評の第一段階は、プレゼンテーションの正確かつ細やかな

観察から始まります。観察して見出した内容は必ずメモに残しておきましょう。逐次気になる個所の要点だけを記述していく方法でよいのです。あらかじめチェック項目を用意しておくよりは自由度があり、聞き書きに慣れてくるとこの方がやりやすいでしょう。たとえば「フリップをもった手が文字を隠している」、「あのぉ～が多い」、「いきなり本題」、「パソコンの操作ミス」などと書きます。

　訓練としての「批評」の最も大切なことは、毎回かならず批評を通して問題提起に結びつけることです。どのような問題意識をもって観察したかは、観察の深さの証であると同時にその後の自身の上達を大きく左右するのです。ここには疑問、批判などの根拠やその原因を明らかにし、是正、改良、代案などをそれに続いて書くのがよいのです。書いたことの正しさをここで検証する必要はなく、批判的に見ることで問題の本質を理解するという訓練を習慣化することが大事なのです。この成果はいずれ自分のプレゼンテーションに応用され、自らもまた新たな指摘を受けいれる一方で、冷静な自己評価ができるようになり、徐々に完成度を高めていくという流れを産むでしょう。

　他人のプレゼンテーションは絶好の教材です。漫然と見ているのではなく、批判的に見る訓練を通して、自身のスキルアップに役立ててみましょう。

発表の技術を磨け。
テクニック不足は情熱でカバーしろ！

制作部の糸山さんがプレゼンチームに入ってきた。提案内容に少し不安はあったが、なんとかプレゼンを成功させたいと思っている。

#1　今回は映像プレゼンやって、少しインパクトを与えませんか。予算もすこし余裕ありますし。

#2　映像よりも内容を固めるのが先だろう。

#1　それはわかってますけど…印象でポイントをかせぎましょうよ、部長。3DCGを使ってかなりカッコイイ映像がつくれると思いますよ。ここはイメージで圧倒して押し切りましょう。

#2　ん〜まァ〜、そうだな。わが社の意気込みは最新の映像に託してみるかあ。

私たちのチームは、与えられた30分のプレゼンテーションの
うち、半分以上は音と映像を流して、充実したプレゼンテーショ
ンを終えた。少し大きめのスクリーンを持ち込み、音もかなり
よかった。何よりもCGの映像は我々もつい見とれてしまうほど
の出来だった。お金もかかったけれど…。もちろん最初と最後
の挨拶は、部長がそつなく対応してくれた。やはり発表の洗練
された技術は、例外なく感動を与えるし何よりも頼りになる。

プレゼンテーションの総合力は f(P)=P1+P2+P3+P4+P5。技術も準備も訓練も、もちろん熱意も不可欠なのです。

　いま書店に多くのプレゼンテーションをテーマにした本が並んでいますが、これはとりもなおさずビジネス界を中心に社会全体が高い関心をもっている証でもあります。プレゼンテーションは「うまい」に越したことはないのですが、技法が先行してもその内容が伝わらなければ意味がないし、プロジェクトの結果が理解されなければ、あるいは企画競合に勝たなければ成果とはいえません。未熟なプレゼンターには「技術は情熱でカバーしろ」などと言いますが、これは体のいい励ましでしかありません。完成度の高いプレゼンテーションでは効果的に伝えるための手法も、提案のレベルも、プロジェクトにかける熱い想いもすべてが統合化されてはじめて心をうつプレゼンテーションになるのです。

　プレゼンテーションをうまくやりたいと誰しも思います。多忙な中にあって即効力のある指導書はないものかと書店をまわることもあるでしょう。その結果、パソコンとパワーポイントを使って何とか形だけ「先端的」な体裁を整えることで、ハイパー・プレゼンの仲間入りをしたかのような錯覚に陥り自己満足してしまいます。プレゼンテーションに関して書かれた本の多くは技術、技法、テクニック、話術などのキーワードが並んで

おり、表現技術や手法を中心に扱っているため、つい「形から入る」ケースが多いのもうなずけます。しかしプレゼンテーションは一回性の原則に則った洗練されたパフォーマンスであり、たとえ似たような報告会や発表会があったとしても、まったく同じプレゼンテーションを二度行うことはありません。しかも聞き手や会場、天候、時間などを含めていわゆる不確定要素=「変数」が多いゆえに、形式をはじめに固めてしまうと、柔軟かつ適切な対応が難しくなり、ひいてはプレゼンターと聞き手の双方にとって不満の残るプレゼンテーションになってしまうのです。

　プレゼンテーションを「総合的パフォーマンス」として完成させるためには、計画や構成(P1:Planning)、準備や情報収集(P2:Preparation)、プレゼンター (P3:Personarity)、発表の技術(P4:Performance Skills)、日常の訓練(P5:Practice)などが不可欠な要素として関連しあっていることを知っておかなくてはなりません。私はこれをPresentation : f(P)=P1+P2+P3+P4+P5と表現し、「プレゼンテーション関数」と呼んでいます。

　プレゼンターの情熱だけが人一倍強くても空回りするし、テクニック偏重も中身のなさが余計目立ってしまいます。プレゼンテーションは速習できる対象ではありません。日常の業務で経験を積みながら、地道にそして「総合的」に学ぶことによってスキルアップを目指してください。

コラム2 話すスピード

　テレビやラジオを視聴して改めて思いますが、内容の如何を問わず注意を引くのは、聞き心地のよさを支える喋りの「スピード」でしょう。話すスピードが遅いからわかりやすいとも限らず、早口だからわかりにくいわけでもありません。スポーツ中継のように早い喋りには滑舌の良さは不可欠ですし、加えて歯切れのよい発話は、内容の理解を妨げる要素（雑音やリズムの阻害）が極力抑えられています。一方、ゆっくりとした話し方で、え～、あのお、といったフィラーが多い話し方は聞き手が不快感を覚え、内容に集中できず「雑音」に気をとられて結果的にメッセージが伝わりにくくなります。近年、人の話すスピードは速くなったと言われています。NHKが主催していた「青年の主張」はごく標準的（模範的）な速さでスピーチをしていました。カナ文字換算で1分間に400字±5％程度。いま聞き返すといささかゆっくりとした印象です。

　話すスピードは、話し手の置かれた状況や目的によって変化します。例えば、披露宴の友人のスピーチは葬儀における弔辞とは大きく異なりますし、幼稚園児への語りかけは、高校受験を目指す中学生への応援メッセージよりもかなりゆっくりです。

日本大学アメフト部の薬物事件は、記者会見のあり様が話題にもなった記憶に新しい事件です。第三者委員会が調査を終えた2023年12月4日、大学は改めて会見を開きました。林真理子理事長のスピーチ内容は事前に準備され、その原稿は手元にあったでしょう。しかし冒頭の挨拶はそのメモをほとんど見ることなく話し始めました。この時の発話数は1分間で288文字。謝罪の挨拶でもあり、いささか重々しい感じでした。

　2023年12月15日、大リーガーの大谷翔平選手がドジャースへの入団会見を行いました。マスコミは日本を含め海外からも多数参集し、それなりの緊張感の中で行われました。それでも質問者が日本人記者の場合は比較的スムーズに受け答えをしていたからでしょうか、1分間の発話数は451文字。「え〜」が何回かありましたが、自分の言葉を探しながらのスピーチが聞き取れました。

　2024年1月3日の官邸記者会見は、防災服を着た岸田文雄内閣総理大臣が登壇しました。令和6年能登半島地震の被災者と国民に向けてのスピーチで、この時の発話数は1分間に343文字。死者、行方不明者が出る大災害ということもあり、原稿は手元にあるものの言葉を慎重に選びながらの会見でした。

　前述の通り、現在はおしなべて話すスピードが速くなってい

ます。仕事の期限、宅配の所要時間、メールの返信のタイムラグ、PCの処理速度など社会全体の高速化を鑑みれば、話すスピードの加速もそういった社会背景の反映なのかもしれません。

　次の表は、テレビ番組から抽出した事例です。番組や登場キャラクターを思い出しながら、具体的な文字数と突き合わせると面白いでしょう。複数の出演者がいる報道バラエティ番組などでは、話題の進行に合わせて質疑応答、議論、会話、反論、時としてツッコミなどが混在するので、場の雰囲気や対話相手のリズム感などが影響します。一人だけのスピーチとの速度の違いも想像してみてください。

　話すスピードの決定要因で最も重視すべきは、聞き手がストレスなく聞くことができるか、ということです。ストレスとは不快感だけの問題ではありません。同意、寄り添い方、心情、話題の硬軟など、どれだけ聞き手に広く理解と賛意を得ながら受け入れられるかということです。

　話すスピードの調整は、内容の難易度や専門性、大衆性、対象年齢、聞き手の予備知識、加えて話者の個性や技術力などで大きく変わります。最も心地よい自分自身のスピードを知っておくと同時に、スピーチのテーマや聞き手の理解度などによって速さを変える対応力も必要です。

それぞれの発話者の置かれた状況や個性などを思い浮かべながら「話すスピード」を考える資料としてご覧ください。

	対象者	文字数	分析した番組
1	大越健介（キャスター）	462	テレビ朝日：報道ステーション 2023.9.4　21:54～
2	岸田文雄（内閣総理大臣）	289	総理記者会見：マイナンバーカードに関する施策方針　2023.08.4
3	安倍晋三（元内閣総理大臣）	528	衆院議院運営委員会（答弁） 2020.4.7
4	菅　義偉（前内閣総理大臣）	308	2020.9.16 首相就任会見（NHK）
5	羽鳥慎一（フリーアナウンサー）	454	テレビ朝日：羽鳥慎一のモーニングショー　2023.8.24　8:00～
6	桑子真帆（アナウンサー）	445	NHK：クローズアップ現代 2022.10.24　19:30～
7	大岩純一（警視庁捜査一課長：番組内）	373	テレビ朝日：警視庁・捜査一課長 2020.4.9　20:00
8	宮根誠司（フリーアナウンサー）	521	日本テレビ：ミヤネ屋 2023.9.4　13:55～
9	橋下　徹（元大阪府知事）	601	フジテレビ：Mr. サンデー 2020.4.12　20:00～
10	青木　理（ジャーナリスト）	542	TBS：サンデーモーニング 2020.4.12　8:00～
11	松尾由美子（アナウンサー）	324	テレビ朝日：スーパーJチャンネル 2023.9.5　16:45～
12	ドラえもん（アニメキャラ）	429	テレビ朝日：ドラえもん 2020.4.11 17:00～
13	加谷珪一（経済評論家）	499	テレビ朝日：羽鳥慎一のモーニングショー　2022.10.25　8:00～
14	和久田麻由子（アナウンサー）	445	NHK：ニュース7 2023.9.4　19:00～
15	江藤　愛（アナウンサー）	462	TBS：ひるおび 2023.9.5　10:25～
16	さくらまる子（アニメキャラ）	370	フジテレビ：ちびまる子ちゃん 2020.4.19　18:00～
17	池上　彰（解説者）	475	テレビ朝日：池上彰のニュースそうだったのか　2020.4.18　20:00～
18	杉下右京（警視庁特命係・警部：番組内）	402	テレビ朝日：相棒 season21 #1 2022.10.12　21:00～
19	安住紳一郎（アナウンサー）	481	TBS：情報7days ニュースキャスター 2023.9.2 22:00～
20	恵　俊彰（タレント・MC）	473	TBS：ひるおび 2023.9.1 10:25～

※1) 発話の文字数は、スピーチをすべて「かな」で書き起こしてカウントしたもの。小文字の「ゃ」「ゅ」「ょ」を含む語、たとえば「しゃしん」「ニュース」「りょかん」などは1文字のあつかいとし、小文字の「っ」を含む語、たとえば「つっぱり」「てっきょう」は2文字の扱いとした。「ラーメン」や「ビーだま」などの長音は2文字扱いとした。
※2) 各文字数は番組中の平均ではなく、任意の部分を抽出して分析しているため対象者の確定的な数値ではない。

Case 31　スタッフには できるだけ登場の機会をあたえる。

　5億円の案件獲得を狙って、全社で取り組んだ企画のプレゼンを2週間後に控えていた。企画には今井課長を中心に関係部署から12名が集められ、およそ1カ月の準備作業を行った。

#1　調査結果とスケジュール・予算についても、課長からまとめて説明をお願いできますか。

#2　いやあ、できれば調査はマーケティング担当で、スケジュール・予算は最後に営業から説明するのがいいだろうね。私は挨拶だけにしておくよ。

#1　企画案は3つ用意していますが、それも分けます？

#2　もちろん、もちろん。案を出した人がそれぞれ説明するのがいいねえ。このプロジェクトには相応の数のメンバーが関わっているとアピールできる、絶好の機会だからなあ。

#1　そうですね、少しずつでもしゃべる時間があれば、メンバーも報われますよ。了解です。

企画チームのリーダーは、プレゼンターとして誰を指名する
かをいつも悩む。企画の各パートごとに多くの専門スタッフが
関わってきたことは、リーダーが一番よく知っている。ここで
悩む必要はない。プレゼンターを選任する模範解答はいうまで
もなく「できるだけ多くのメンバーに登壇してもらう」というこ
とである。社員が企画作業へ貢献したことは、プレゼンテーシ
ョンの晴れの場を与えられることで報われる。それぞれは少し
の時間でもかまわないのだ。メンバーへの感謝の気持ちを込め
て登場する機会をつくろう。

プレゼンターは厳選しよう。論功行賞や役職者だからという選定では失敗する。

　どのような大きなプロジェクトでも、小さな企画でも複数のメンバーで行う仕事にはそれぞれの役割や思い入れがあるものです。新人でも管理職でも、関わり方は違っても、プレゼンテーションの準備期間に精いっぱいの仕事をなした満足感と同時に、それを社内外にアピールする機会を得たいと思うのはごく自然なことです。

　プレゼンテーションの計画段階で、発表の役割分担を決める場面があります。いうまでもなくプレゼンターはそのプロジェクトの「顔」であり、推進役の代表とでもいえる存在です。少なくとも聞き手にはそのように映るはずです。発表者は必ずしも一人でなくともよいのですが、不必要に多人数が入れ替わると、プレゼンテーションを通して中核となる人物の存在が薄れてしまう危険性があります。せっかくこの仕事に関わったのだから、ちょっとでも登壇する機会を与えてあげよう、といった人情判断はまったく意味がありません。プレゼンターはその進行上、最適な人物をあてなくてはなりません。社内的な配慮やゆがんだ気遣いなど無用です。企画が採用されるため、競合に勝つために最も相応しい人選に注力してください。

2020年オリンピック・パラリンピック誘致の最終プレゼンテーションは、2013年9月にブエノスアイレスで開催されたIOC総会で行われました。日本は皇室、総理大臣、東京都知事などを発表会場に送り込みました。各国に割り当てられた発表時間は45分。高円宮妃久子さまが最初に挨拶をされ、続いて佐藤真海（パラリンピアン）、竹田恒和（招致委員会理事長）、水野正人（招致委員会専務理事）、猪瀬直樹（東京都知事）、滝川クリステル（招致アンバサダー）、太田雄貴（オリンピアン）、安倍晋三内閣総理大臣らがスピーチでつないだのです。時間中に映像が挿入されたことを含み、合計8名が入れ替わり登壇するという構成でした。「日本の総力をあげて」を印象付ける構成ですが、ビジネスプレゼンでそのままつかえる手法ではありません。メッセージの連続性、交代による流れの寸断、聞き手のストレス、トーンの一貫性などを総合的に勘案してプレゼンターを指名しましょう。

Case 32 ミステリーツアーのような魅力的な プレゼンをめざせ！海図なしに出航だ！

　どうすれば聞き手を飽きさせずに誘導できるだろうかと、考えあぐねている。緊張感が欲しいし、ある種の「ドッキリ」も入れたい。筋書きが予想できるとその時点で興味は半減。そうしてたどり着いた聞き手の心をつかむプレゼンは…。

- ＃1　今回は予想を覆すような、ドラマチックなプレゼンにしましょう。

- ＃2　いや、あらかじめ話題の組立てが聞き手にわかっていたほうが安心できるとおもうよ。

- ＃1　え〜っ、安心できるから刺激的じゃないんですよ。冒頭での概要解説はあえてせずに、少し不安な状況でスタートしましょうよ。そのほうが導入の印象がまちがいなく強いですよ。

- ＃2　ん〜…たしかに、不安ゆえに興味も高まるかもしれんなあ…松田くん、いいよ、それでいこう。

聞き手は次にどんな話題がもたらされるか興味深々だ。意外な展開があるかもしれない。先の見えないわくわく感やどんでん返しにも、ちょっと期待したい。聞き手は刺激的なプレゼンテーションを求めている。企画書はあっても「どうぞ閉じたままでお聞きください」というメッセージで先が読めないプレゼンテーションがスタートする。さすがに、これは極端だろうと思われるが、実はいま求められているのは、予想できないようなルートをたどるドラマ仕立てのプレゼンテーションである。発表の概要や目次はないほうが、聞き手にはむしろ魅力的に思われるだろう。そうして緊張感に満ち満ちたプレゼンがはじまり、いつしか聞き手はあなたのスピーチに集中してしまう。

話題の流れを聞き手と共有してこそ、「安心」のプレゼンテーションが始まる。

　メッセージを的確に伝えるには、最初に話題の組み立ての全貌が聞き手に「見える」ことが大切です。車内吊りの雑誌広告には、その雑誌に掲載されている記事の見出しが書かれています。主たる話題は写真とセットで、特集記事はひときわ大きく、トピックスは目立った色といった具合に工夫を凝らし、一瞥して雑誌の全貌が分かってしまいます。私たちはそれをよりどころに購入の動機づけとするのです。「全貌が見える」とは、聞き手がプレゼンテーションの全体像を事前に把握して、話題の構造を受け入れてからスタートするための予備知識を提供することです。構造化の基本は全体像を初めに示すことです。具体的には「目次」を提示するのがよいでしょう。スライドプレゼンでは、話の流れ＝目次のページを用意して概略の流れを説明します。企画書プレゼンの場合は、最初のページには必ず目次をいれます。

　もし目次ページを用意し忘れたときは、スピーチの冒頭に工夫が必要です。つまり話題の大枠から話し始めるということです。たとえば「これから提案する新企画は、競合他社の現状分析、課題の抽出、３つの具体案、実施段階での問題点という順序で説明いたします」、「本題のコスト削減の問題点は、作業効率、

機械の稼働率、協力機関へのしわ寄せ、在庫管理の4つの側面を関連付けてお話しします」、あるいは「本社へ寄せられた利用者からの苦情を、2002年と2012年とで比較しながらその傾向と特徴について述べます」という具合です。全体像を冒頭に話せば、聞き手は結論やまとめに至る話題の経路と要素をおおよそ想定することができ、どんな話を聞かされるのかまったく分からないという大きな混乱を回避することができるのです。

　大切なことは、話し手と聞き手との間で、今日の話の全体像やストーリーラインを共有して始めることです。話の概要がわかっているのがプレゼンター一人だけ、というのはぜったいに避けなくてはいけません。聞き手の心的負担を軽減することはプレゼンテーションの基本的な心得です。プレゼンテーションにおけるミステリーツアーは、単に聞き手を惑わす不愉快な船出です。海図を示してこそプレゼンターの信頼を勝ち得ることができます。

Case 33 配布資料の拡大投影こそ、
プロジェクターの本来の役割だ。

#1 来場者への配布資料はどうした？

#2 スライドのデータと同じものをプリントしてますけど。

#1 でも話の内容はスライドの写真やイラストをかなり細か
く説明するので、ちょっと物足りなくないか。

#2 いえっ、田所課長、大丈夫ですよ。スライドと同じ資料だ
からセミナーが終わったあとで思い出しやすいし、何よ
りスクリーンに映ったのと同じものが手元にあると、聞
いていて安心ですよ。それと…別の資料をつくるより楽
ですしね…。

#1 んまあ、そうだな。

そもそもプロジェクターは「拡大投影機」だ。配布した資料を大きく映して、それを拠り所に説明するのが基本である。機材の基本性能も向上し、明るさもコントラストも、会議室の室内照明を消すこともなく十分に映るだけの機能を有している。もし手元の資料の文字が小さくても、あるいは図が細かくとも、拡大上映すればその心配もない。配布資料用に作ったデータをそのまま利用して、本番ではそれを投影して説明しよう。プレゼン用にそのデータを加工するとなると、ただでさえ準備時間がない中で、余計な作業に時間をとられることになる。準備の時間節約と本番の効果を考えると、プロジェクターでは配布資料に掲載している図をそのまま使って投影するのが最も妥当である。

法則:33　スライド（投影資料）と手元資料（印刷物）は、そもそもメディアの役割が違う。

　プレゼンテーションはメッセージを固め、ふさわしい資料を用意し、説明のための補助資料のひとつとして「スライド」を選択します。最近は配布資料自体をスライド用のグラフィックソフト（パワーポイントなど）で制作し、そのデータをそのまま上映資料として使用するという人もいるようです。同じデータを使えるので効率的ですし、手元資料と同じものが上映されるので、聞き手にとっては何よりもありがたいと感じてしまう。仮に見逃したり、途中で退席したりしても確実にそれが手元に残るのですから。

　しかし同じ情報が２つもある必要はなく、場合によっては、プレゼンテーションはプロジェクターを使わず配布資料と口頭説明だけで完結することがあります。投影されるスライドは、そもそも手元資料とは違う役割を担っています。詳細な手元資料では分かりづらい要点を整理し、重要な数字を強調し、時として変化や比較を明示します。そのために手元資料を思い切って簡略化したり、文字のジャンプ率※を操作したり、あるいはアニメーション効果で「変化」に動的効果を加えたりして、メッセージをより分かりやすく、より平易に伝える手段となるのです。配布資料とスライドはメディアとしての役割が違うのです。

あなたはデータを共用できるという理由で、手を加えていない資料データをそのままスライドに使っていませんか？　配布資料とスライド資料が同じで共用できる…プレゼンターにとってこんな楽なことはありません。しかし聞き手のために加工していない情報を見せ続けるのは、プレゼンターの怠慢そのものです。プロジェクターが拡大投影できるのはあくまでも機能の側面です。そこに使われるスライドは、口頭説明を補完し、手元資料をさらにかみ砕いて単純化し、一瞥して「わかる」ようにデザインしなくてはいけません。

　「手元資料にもありますが、この表の2020年の数値をご覧ください。」スクリーン上と手元資料は全く同じものなので、多くの聞き手は配布された資料を見るでしょう。視力の強弱に合わせて目に近づけることもできるし、各自に最も適切な距離で見ることができます。プレゼンターの声も同時に聞こえているのですから。

※ジャンプ率とは本文の文字の大きさに対して、注目度を高めるために文字の大きさに差をつけること。
スポーツ新聞の見出しはジャンプ率が大きい例。

Case 34

スライドは「大判の台本」だ。
話す内容を詳しく書けば忘れる心配はない。

　久しぶりの大型のプレゼンなので説明する量も多い。発表原稿は何とか用意したけれど、とても暗記する時間はない。プレゼンターに指名されているが、不安。どうしようか…。

#1　今回のプレゼンって、スライドを説明すればいいんですよね。

#2　ああ、ちょっと字は細かいけどかなり書き込んでいるから、それを「らしく」読めばいい。安藤、おまえ「演技力」あるんだろう。

#1　中身をあんまり理解してないんで、説明がおぼつかないと思ってたんですけど、スライドがあれば助かります。

#2　説明者が代わっても、だれでも使えるようにしておいたから問題ない。リハのいらないプレゼンだよ！

#1　要はスライドが説明資料兼台本ですよねェ。これは楽ですよ。

スクリーン上に次の画面が映し出された。スライドを縮小印刷した配布資料と同じ内容だ。「本年度の営業方針について：別紙1の資料が示す通り、過去5年間の営業収益の推移はほぼ横ばいである。新規顧客の獲得数が増加に転じていることを勘案すると…」プレゼンターの安藤くんは何の迷いもなく、また間違えることもなく「読んで」いる。スライドには「である」調で書かれているがそれを「です、ます」調に置きかえて読み続ける。スライドは20枚。営業方針の説明はおおよそ15分で終了した。しっかり書き込んだスライド。こんなに頼りになるものはない。

スライドはあなたのメッセージを補完するための大切な視覚資料です。

　スライドは「台本」ではありません。スクリーンに目線をやって読み続けると、アイコンタクトは全くなくなり、聞き手は自分たちを無視されていると感じます。スライドに書き込みすぎるので、つい読んでしまいます。その間はずっと聞き手に背中を向けています。スクリーンはプレゼンターであるあなたのお客さまですか？　あなたは「向き」を間違っていませんか？　スライドにしっかりと情報を書き込み、それを読めばほぼ完ぺきにプレゼンができる…あなたは楽をしていませんか？　楽をしてもらいたいのは聴衆の皆さん方でしょう。何か大いなる勘違いをしています。プレゼンターはスライドその他の資料に聞き手を誘導し、そこに託されたメッセージを的確に伝える役割を担っているはずです。あなたは「スライドの読み手」ではありません。しっかり書き込むとすれば、それは配布資料（印刷物）の役割です。

　このことが原因でアイコンタクトが無くなるとすれば、プレゼンターが成功する道が閉ざされていくことを意味します。アイコンタクトは自分自身の意思の表示、熱意や自信の表れであると同時に、相手の状況や心理の読み取りの役割も果たします。

つまり理解、納得、疑問、不快、同意、反意、興味などの聞き手の微妙な心の変化を、目を通して感じ取るのです。そのことで話のスピードを調整したり、専門用語を補足説明したり、場合によっては気分転換に余談を挿入したりといった流れをコントロールすることもあるのです。プレゼンターがスクリーンにくぎ付けとなっていては、聞き手の状況を正しく「読み取る」ことはできません。プレゼンテーションの成否に関わる聞き手の情報を得る大切な機会を、自ら放棄しているのです。スライドは台本ではありません。聞き手と文字通り「向き合うこと」が基本です。

視覚資料はプレゼンの華。
最初から最後まで展示しておこう。

　すこしプレゼン予算がついたので、小さいけれど、模型を作ってみた。かなりいい出来なので課長も気に入ってくれた。そうして事前の打ち合わせで‥‥

#1　山城課長、建築模型はどのタイミングで見せますか？

#2　最初から私の右斜め前にセットしてくれよ。CG映像とちがって存在感、あるよ。

#1　ちょっと邪魔になりませんかね。それと一応、カバーのための白布は用意していますが。

#2　今回の提案の目玉はこの模型に集約されているよなあ。出来もいいし…白布をかけると余計に目立って気が散ってしまうし…ん〜、白布は…いらない。はじめから皆さんに見せて、印象をしっかり焼きつけよう。

相当の時間もお金もかけて制作した建築模型や、機器サンプルなどは、あきらかにプレゼンテーションの目玉である。それこそが提案の結論であるはずだ。初めに結論ありき、はプレゼンの基本。用意した視覚資料などはできる限り終始、聞き手に見えるように設置しておくことがよい。隠しておくなどありえない。模型やサンプル、実物などはプレゼンの会場の雰囲気づくりとしても好材料だ。白布をかけたままの「何か」が置かれると、聞き手にとっては焦らし以外の何物でもなく、それこそお披露目されるまでは話半分しか聞いていないだろう。自信作ならばなおのこと、堂々とアピールしよう。

大切な視覚資料は、最もふさわしい登場のタイミングと演出を考えよう。

　何かそこにあるというだけで、聞き手は期待してしまいます。ましてや初めから試作品だ、実物模型だ、あるいは写真パネルが置いてあるとなると、ついそちらに注意がいってしまい、無意識に目線もチラチラとそこに向かうのです。これではプレゼンターの説明に意識を集中するのは難しくなります。持ち込んだ資料の役割は、特定のテーマの補助資料です。したがってまさに「その時」がくるまで見せてはいけないのです。資料には最も相応しい登場の瞬間があるはずで、そのタイミングを間違えてはいけません。イベントの特別ゲストは初めからステージに顔を見せたままではいけないのです。パネルは裏を向けておく、模型には布をかけておく、小物は箱にいれておく。聞き手に種明かしをせず、それぞれの資料の「登場感」を大切にしてください。

　ひとつのエピソードに必要な資料は、その話題が完了しても案外その場に置いたままにされることがあります。中には大きな模型を脇に従えたまま次の話題を展開するプレゼンターもいます。模型は存在感があるだけについ気になってしまい。プレゼンターの話に集中できないこともあります。重要な提言をし

ていても模型が「視覚的ノイズ」となって注意が散漫になります。大きな模型やパネルなどは、話題との関連が薄いときには、少し横にずらしてプレゼンターとの距離を置くなどの工夫をしましょう。

　言うまでもなくその資料が話題の軸となって展開したり、エピソードごとに少しでも必要な場面があったり、あるいは資料の存在自体がプレゼンテーション全体の雰囲気やある種の環境演出を意図する場合は、これを積極的に露出してよいのです。

　資料は「その話題」が始まるまでは隠すこと。隠すことで視線も意識もプレゼンターに向けさせます。聞き手の浮ついた視線や意識を制御することなくして、強いメッセージは的確に伝わりません。視覚資料は最高の登場感を演出しましょう。

質問は補足説明のきっかけに利用しよう。情報量を増やす絶好の機会だ。

聞き手からの質問にはきちんと答えなくてはいけない。しかしせっかくの「追加の時間」はうまく使いたい…浦田主任はそんな思いからある画策をしていた。

#1　質疑応答用の資料は準備したかい？

#2　はい。私以外の専門スタッフもそれぞれに資料をもっていますから何を聞かれても大丈夫でしょう。

#1　それと浦田くん…質問は必ず出るから、それをうまく補足説明につなぐことを忘れるなよ。

#2　そうですね、プレゼン時間が短いので、その補完に使いましょう。心得ていますよ。どんな質問が出ても補足説明に誘導しますから。ご安心を。

プレゼンターは考えた。どんな質問が出たとしても「ついでに先ほどの説明を補足しておきますが…」といえば話題が多少飛んでいても、こちらが言い忘れたことも追加できる。これで大丈夫だ、と。

　あのことも言っておくべきだった、というのはプレゼンの終了後によく思うことである。もし、質疑応答の時間が設定されているとしたら、本番の時間制約の心配は無用である。質問をうまく利用しながら、本題の不足分をフォローすることを考えておこう。「関連で説明しておきますが…」は魔法のことばである。無関係であっても、聞き手はあたかも質問の延長線にあるコメントだと錯覚してしまうことがある。これもうまく活用して、できるだけ多くの情報を提供することを考えておこう。

法則:36

質問への回答は簡潔に、聞かれたことだけを答えるのが基本。

　質疑応答の基本マナーは「聞かれたことだけに答える」です。多くの指導書にも書かれている通り、簡潔に答えるのが原則です。簡潔とは、省略や要約とはちがいます。余談やついでの話を入れることなく、必要十分な内容を手短かにまとめて対応することです。注意すべきは、自分にとって最大の関心事や、得意な分野について質問されると、つい饒舌になり、回答が聞かれてもいない内容にまで及んでしまうことです。勢い、必要以上に時間がかかることになってしまい、プレゼンターの熱弁とは裏腹に、いつしか質問者との良好なコミュニケーションが失せてしまうのです。プレゼンターは常に質問者が何を疑問に感じたのか、何を知りたいかを的確に把握しそのことだけに答えることに努めなくてはいけません。必要なら追加質問が出されることを待てばいいのです。「適切な答え」とは、決してプレゼンターの知識をひけらかすことではありません。

　質疑応答の時間はいうまでもなくプレゼンテーションの一部です。質問に対する回答という形式が、時には質問者とのやり取りに近い状況にもなります。したがってその流れに乗ってしまうと、勢い補足、関連の話題、ついで話、参考コメント、つい

には余談にまで及ぶ危険性があるのです。講師の回答ですから聞かないわけにはいきませんが、ついぞ参加者の多くは「質問者はそんなことまで聞いていないだろう」と内心、不快感を募らせてしまいます。

　質疑の時間に、ここぞとばかりに追加メッセージを詰め込むのは決して良い結果を生みません。むしろそれまでのプレゼンテーションの評価が台無しとなってしまいます。

　プレゼンテーションは終始プレゼンターのペースで一方的にしゃべることが多いですが、質疑応答では自分の得手不得手や準備の状況とは一切関係なく、思いもよらない問いかけがなされることがあります。相応のプレッシャーもあり精神的に不安定になることもあります。ある意味でプレゼンターにとって最後にして最大の緊張した局面です。最終目標はプレゼンテーションを成功に導くことです。そのために欠かせない試練の場であることを肝に銘じましょう。

Case 37

> 最初に聞き手の期待値を下げておくと、
> 自身の緊張も緩和してプレゼンが楽になる。

　プレゼンを明日に控えたその夜、チームの作業が終わらず悩んでいる。完璧を期そうとしたけれど、どうしても間に合わない部分があって、提案が曖昧となって自信が持てないのだ。

1　本番までにウラがとれませんよ。この提案はちょっと難しいでしょうね。

2　しょうがないねえ。出来は70点くらいか。

1　時間がなかったということを、正直に言いませんか？

2　えっ、ん〜そうだなあ、言い訳ということじゃなく、実際にそうだもんな。

1　短時間でもそれなりにやった、ということで多少は減点も少ないと思いますよ。

もし出張続きでなかなか準備ができなかったなら、そのことを冒頭に触れる。十分にまとめられなかったなら「まとめが完全ではありませんが…」と事前に言う、資料が不十分なら「不十分ながらも精いっぱい説明させていただきますが」とコメントしておく。つまりプレゼンテーションの最初に、ひとこと「ことわり」を入れるのは、聞き手が持つであろう期待値を、ちょっとだけ下げる効果がある。要はプレゼンでクリアすべきハードルを最初から下げるのである。これは必勝テクニックのひとつだ。聞き手はこの厳しい状況に同情的になり、多少のミスや不具合があったとしても、本番の説明をおおらかに受け入れてくれる。

自分を擁護するコメントや あらゆる言い訳は、一切してはいけない。

「今日は試作品を持ってまいりましたが、調整がうまくいっておりませんので、そこはご容赦願います」

「このたびの研修の講師をお引き受けしましたが、何せ急な話でしたので、準備が不十分かもしれません」

プレゼンターの何気ない言い訳は、聞き苦しいばかりでなく、聞き手の期待を大きく損ねてしまいます。失敗を想定した事前の言い訳ほど不愉快なものはないし、プレゼンターが考えるほど同情する人はいないのです。

こんなコメントもあります。

「参加された皆さまは、通信技術に明るい方ばかりと聞きました。私の経験談では少々物足りないかもしれませんが…」

あるいは、「市川崑監督作品の＜評価＞について、ということですが、＜評価＞まで言えますかどうですか、私の＜感想＞程度でお聞きください」

謙遜も限度があります。貴重な時間を割いて集まった方をどれほど落胆させるコメントでしょう。謙遜のようで実は言葉の背後に「不十分であっても納得してほしい」というプレゼンテーションに臨む甘さが潜んでいます。

「昨晩、海外出張から戻ったばかりでして、まだ時差ボケの状態です（笑）。今朝、今日の資料をカバンに詰め込んでやってきました」

「私のレクチャーを受けるというより、皆さんと一緒に勉強するつもりで、資料を読みながら進めましょう」

これは明らかに準備不足のカムフラージュです。多忙をちらつかせ、何とか時間をつくったことに感謝せよ、と言わんばかりです。

「こんなに大勢の方がおられるとは、いささか戸惑ってしまいます」「本日の演題が聞いていたのとちょっと違いますね。私も初めて見ました（会場失笑）。気を取り直してやりましょう」

要するに「私は今日のプレゼンテーションについて、事前の調査と確認を怠りました」と遠回しに言っているのと同じです。そんな姑息なコメントは良識ある聞き手には通じません。

聞き手はあなたを期待の中で迎え入れようとしています。それに誠実に応えることがあなたの使命なのです。

専門用語はできるだけ使おう。
その道のスペシャリストだと思われるから。

同じ技術開発課の村山先輩は、プレゼンのうまいエンジニア
で評判だ。ただ、ちょっと小難しい言い回しが多いので、気にな
った私は遠慮がちに申し出たが…。

#1　専門外の人も多いようなので、用語解説資料でも作りま
　　しょうか？

#2　いや、それは必要ないよ。専門用語は、何か別世界のカッ
　　コよさがあるじゃないか。用語は分からなくても、前後
　　の文脈から何のことかは、だいだい雰囲気でわかるっし
　　ょ。そこが大事なのよね。

#1　村山さんらしいですね。すごい専門家が来たなあ、って
　　印象を与えるということですかあ。

#2　そうそう。いわゆる業界の人がよくカタカナ用語を使う
　　だろっ、あの感覚だよ。

専門用語を意図的に織り交ぜて、自分が独特の雰囲気をもった
スペシャリストであるという存在感を売る。この人にお願いす
ると、何かうまくいきそうな、よく知っているようで任せて安心
だ。こう思われてこそプレゼンター冥利につきるというものだ。
　「今日は抜け感があって、ほどよくナチュラルです」、「オフィ
スサービスをスマホで一元管理するテナントエクスペリエンス
アプリの時代がきますね」、「膨大にある番組からタイムCMのト
ータルリーチを伸ばす方法を説明しましょう」…はじめて聞くよ
うな用語もあるだろう。平易なことばに置き換えると、分かり
やすくはなるが、その反面、どことなく稚拙で頼りない印象が残
ってしまう。相手の心にインパクトを与えるのは、実は専門用
語や業界用語なのだ。

専門用語は、聞き手の予備知識に合わせて使い分けるのが正しい。分かりやすさとは稚拙であることと同義ではない。

いわゆる専門家は、特に自身の最も得意とするテーマであれば自然に専門用語を使ってしまい、それが本人の独特のスピーチスタイルとなり、心地よくしゃべることのできる雰囲気をつくってしまいます。業界の組合や協会のミーティングでは参加者のほとんどがその分野に通じているため、そこで使われる正確な用語である限り、専門用語を用いることに何ら神経を使うことはありません。しかし一般的なプレゼンテーションでは、聞き手がプレゼンターの専門性と同等あるいは同じ分野に所属しているとは限らないため、何気なく使ったことばが理解されないということがあります。　聞き手の「理解の連続性」が途切れると、メッセージの前後関係や文脈が分からなくなり、あるところで思考がストップしてしまいます。プレゼンテーションは伝えるべきメッセージと聞き手の「理解の時間軸」が併走してはじめてコミュニケーションが成り立つので、聞き手の思考停止は絶対に避けなくてはいけません。

　一方でプレゼンターの専門家としての側面は、聞き手を説得するうえで大きな影響力をもちます。つまり、専門用語を適切に使えば、プレゼンテーションの説得力が増すことも事実で

す。聞き手が、プレゼンの話題になっている分野を必ずしもよく知らない場合、相手にストレスを与えずに話を進めていくには、用語解説とあわせて専門用語を使うとよいでしょう。

　たとえば、こういうふうに…

　「パンデミック、つまり感染症や伝染病が全国・全世界に拡散して患者が激増することですが…」「屏風やふすまなどの表装作業を専門にしている職業を経師（きょうじ）といいますが‥‥」「マイクロ・サージャリー、これは非常に細かい、微細な手術のことを意味する用語ですが…」「入国警備官などが違法事案を確認調査のために、現場に立ち入って検査することを臨検といいますが…」

　多少は手間のかかる言いまわしになりますが、これも聞き手の立場に立てば当然の配慮です。プレゼンテーションでは、話し手のメッセージやその意図が正確かつ聞き手の思考が停滞することなく伝わらなければ意味がないのです。プレゼンター自身が専門家であることを謙虚に自認することなく、難解な用語を本番で連発すれば、本人の「華麗なスピーチ」とは裏腹に、聞き手にとっては退屈で実りのない時間を押し付けられるようなものです。聞き手に関する予備知識や専門分野への関与度を考慮しなければ、そもそもプレゼンターのコミュニケーション能力が欠落しているとみられてしまいます。

資料を作り変えるのは時間の無駄。
効率的に資料を使いまわそう。

わが社の売り上げに貢献している話題の太陽光発電。最近は
営業用だけでなく、国のエネルギー政策を絡めた説明が求めら
れるようになってきた。

#1　先日、社内で太陽光発電の概要説明をしたけど、来週、中
　　学校で同じ話をしてほしいと言われてね。どうしようかあ。

#2　うちのPRでしょ？　いいじゃないですか、松隈さんは話
　　がうまいし…。この前の資料はかなり詳しく書いてあっ
　　て、よかったですよ。あれ、使えばいいと思いますよ。

#1　中学生には難しくない？

#2　ふつうはプレゼンの資料はいちいち作り変えないでしょ
　　う。みんな同じ資料をつかって、しゃべりを変えて対応
　　しているんですよ。それと、難しいページはサッと流せ
　　ばいいでしょう。

#1　ん、まぁ、そうだねえ。

資料作りは相応の時間がかかって大変である。講演依頼の多い人は、説明スライドや配布資料を相手に合わせて作り変えるのは、実に手間であることは承知している。多忙であるゆえに、この作業で時間を割くのは絶対に避けたいところだ。配布資料は表紙に記載する相手先や日付けはその都度変えなくてはいけないが、内容は基本的には以前使用した同じものを使いまわすという、できるだけ効率的な方法を選ぼう。

　スライドももちろんそのままでよい。相手の様子を見ながら「この図はちょっと専門的かもしれませんが」とか「この中の細かい数字は無視してくださいね」など、補足コメントを即興的に入れれば、より親切である。短時間で資料を用意するためには、できるかぎり使いまわすという、ある種の「割り切り」が必要なのだ。

法則:39

**このプレゼンにしてこの資料あり。
事前の情報編集作業は当たり前。
相手によって資料を加工するのも当たり前。**

　プレゼンテーションのために集まっていただいた人々は、その時々で集団の特徴が異なります。年齢、性別はもちろんのこと、専門性、その日のテーマに対する予備知識や興味のレベル、用語の理解度はまちまちです。官公庁の方かあるいは民間企業の人たちかによっても変わります。

　たとえば年に何度か開かれるセミナーのテーマ「太陽光発電とは何か」の講師を頼まれたあなた。いま話題のテーマだけに、その分野の専門家であるあなたは、すでに何度も講演に出かけています。基本資料としては60分用のスライドを用意しているので、おおよそどんな要望にも応えられるように準備をしています（しているつもりです）。

　あなたは地球環境の課題について先週は市役所の産業政策課で説明し、来週は小学校、次のカルチャーセンターまで予定が入っています。忙しさのあまりすべての講演に同じスライドを使いまわしをしていないでしょうか。毎回の説明に使うスライドに、何らかの過不足があることに気づいたとき、どうしてもそれを補うようなコメントを不用意に言わざるを得ない。「技術資料がちょっと不十分ですが…」、小学生に「みなさんには少し難し

いかもしれませんが…」、「あ、違う図が入っていますね」など、聞き苦しい言い訳や、聞き手の眼前で「即興編集」など絶対にやってはいけないことです。プレゼンテーションの最中に発せられる、あらゆる種類の「言い訳」は、何の問題解決にもなりません。また先述の通り、不必要だと気づいたスライドを早送りすると、聞き手のストレスが募るばかりです。見せないスライドは提示してはいけない、という基本的なことが忘れられています。つまりこれらの発言や行為は、あなたが対応する個々の講演のために必要な準備を、十分にしていないことを意味しています。聞き手の属性が変われば、テーマに対する予備知識や関心の度合いも違うために、当然スライドに入れる情報量も全体構成も変わるし、相手が理解できるようにメッセージを加工することは当たり前のことです。与えられる時間によっては省略や追加もあるでしょう。その準備にかかる時間は相当なものですが、プレゼンターとしてなすべき「当たり前」の事前作業であることを忘れてはいけません。

Case 40 自分が感じる達成感こそ大事。事の成否は自身の気持ち次第だ。

　毎週のようにプレゼン続きの髙谷主任は、独特のしゃべりのスタイルを持っている。スピード感があって、アドリブもきいて、ちょっと軽妙で、どの得意先の「ウケ」もいいようだ。

#1　一気にしゃべったので、かなり疲れました。

#2　どうだ髙谷くん、きょうの自己評価は？

#1　言いたいことはほぼほぼ話せたので、まあ満足ですよ。かなり伝わったと思いますね。

#2　たしかにお前のいつもどおりのしゃべりだったなあ。緊張もしていなかったみたいだし…。

#1　私は早口ですけど、それなりに自分のリズムが出せて気持ちよかったですよ。ま、今日は合格点ってとこでしょうかねえ、ハハっ。

満足いくプレゼンテーションをしたいと誰もが思っている。終了後の心地よさを、プレゼンターの誰もが求めている。いつもは時間で最後の説明が途切れてしまいがちな人は、今日こそは準備した原稿をすべて読んでみよう。多少の時間オーバーは、聞き手があなたの熱意を感じればかならず帳消しとなる。予定時間を超過したこともつい忘れてもらえるだろう。日ごろスライドへの書き込み不足を感じている人は、今日こそは情報をしっかり盛り込んでみよう。あなたの思いはきっと伝わるし、詳細なスライド資料を見れば、あなたが専門的な知識の持ち主であることが一目瞭然である。プレゼンターがもっている情報量や専門性などで、ちょっと引け目を感じてしまう聞き手ほど、あなたへの羨望を高めるだろう。

　喋りに自信のある人は、それこそが持ち味である。要はあなた自身が心地よく喋ること、準備したメッセージを漏れなくしゃべることこそ、あなた自身が満足感を得るためになすべきことだと心得よう。満たされたプレゼンターの表情を通して、その意気込みや情熱も必ず聞き手に伝わる。これこそが成功の証である。

聞き手の心地よさと、
聞き手の満足度を最優先すべきです。

　プレゼンテーションの評価のすべては聞き手に委ねられています。したがって満足いくプレゼンとは聞き手が満足したということであり、心地よさとは聞き手が感じる心地よさのことです。あなたは大いなる勘違いをしていませんか。

　長い時間をかけて準備をして、完成度の高い（と思われる）資料を作成し、お金をかけて解説映像も作ったとしましょう。これらをプログラムどおりに展開すれば、それこそ満点と見まがう完璧なプレゼンテーションができると思っていませんか。何事も自信を持って事に臨むことは大切であり、その自信に裏打ちされた安定感や安ど感は、きっと聞き手にも伝わるでしょう。しかし、それこそが聞き手が満たされた気持ちになるか、過剰な自信からくるカラスベリの微妙な分かれ目です。あなたは、聞き手の皆さんの理解度、納得、同意、疑問、否定あるいは期待についてどれほど承知していますか？　聞き手の心がまえを同じレベルで共有できていますか？　初めて聞く聴衆の得も言われぬ不安感や戸惑いに寄り添っていますか？

　終了後の心地よい疲労感とプレゼンの時間を全うしたという、ただそれだけの、うわべの達成感に浸ってはいけません。

やりきったと感じているのはあなただけです。もしかしたら聞き手は情報過多で、消化不良で、要点がまとまらず、あなたと他社（者）の提案とを混同して、結局はさしたる評価を与えてくれないかもしれないのです。プレゼン成功のバロメーターを、自分自身の満足感に反映させている人がいます。しかしどんなに充実感を得た、密度の濃いプレゼンテーションであっても、他社（者）よりもボリュームのある企画書を説明しても、あるいは大勢のスタッフを編成したチームで臨んでも、それを評価するのは聞き手の専権事項なのです。プレゼンテーションの評価に対してプレゼンターが関与する余地は皆無なのです。あなたのプレゼンテーションは聞き手への思いやりに満ちた対応を心掛けていましたか？　聞き手の立場を尊重し、聞き手を大切にする気持ちを忘れていては、プレゼンテーションの成功はありえないのです。

　　プレゼンテーションは企画の説明や事業報告だけではありません。記者会見、セミナー、研究発表、実演販売、イベントの司会、講演、プロポーズなど、いずれも「プレゼンテーション」といえるものばかりです。従来プレゼンテーションは聞き手を前にして「対面」でスピーチすることが当たり前でしたが、コロナ禍をきっかけにこれらの多くがオンラインに移行したり併用されたりしています。この数年でリモートでのプレゼンテーションの機会が格段に多くなりました。注意すべきは、かつてはあなたの前にいた聞き手が、パソコンの画面に顔の映像が整列しているという単純な状況変化だけではありません。

　　無料のWeb会議ソフトも多数あり、インターネットへの接続環境さえあれば、普通にオンラインプレゼンを実施することができます。オンライン・プレゼンについての予備知識がなくいきなり本番を迎えると、あなたの評価は対面のときと比べものにならないくらい下がることもあります。二流、三流のオンライン・プレゼンターにならないように心がけましょう。あなたの問題意識と対応力が問われます。

① ノートパソコンの高さ

いつも使っている机の上に置いている ✕

　ノートPCをもってきて、机の上に置き、ディスプレイを広げて、せいぜい周囲を片付けスタート。ディスプレイと顔が正対するように気をつけて、すこし前かがみに見る。小さなタブレットやスマホだとその傾向が顕著です。対面のスピーチでは考えられないような姿勢が、当たり前のように定番となっています。これは不自然な姿勢に見えるでしょう。聞き手と正対することは相手の目と正対することです。相手の目はこの場合はPCのカメラに相当します。

　自然な姿勢でプレゼンテーションを進めるには、まずカメラの位置を自身の目と同じ高さに調整します。専用のPCスタンドもありますが、本を数冊重ねて高さを調整したものでかまいません。まずはここからスタートです。画面が直立してカメラとあなたの目がほぼ同じ高さになったとき、背景にある縦のライン（例えば柱や壁など）も垂直に映り歪のない空間でスピーチする状況がつくられるはずです。

画面上の聞き手の目を見て話すのは簡単だ

　カメラのレンズは相手とのアイコンタクトの窓口です。私たちはコミュニケーションの基本として「相手の目を見て話す」ことを教わってきました。会話で相手から目をそらすことは、何かやましいことがあったりあるいは自信のなさの表れであったりもします。

　PC画面に映る相手の顔をみても、あなたのPCカメラはあなたの額をねらっています。つまり聞き手には、下を向いたあなたの顔が見えているのです。聞き手がプレゼンターのアイコンタクトを感じるには、カメラのレンズを見て話す…これが基本です。

原稿を見て話す、資料を見て話すのは避けて通れないでしょう。しかし時々はレンズを見て話すことを意識しましょう。カメラとプロンプターが一体となるような高価な業務用の小道具をつかうのは現実的ではありません。資料から目を離すときはカメラのレンズを見る。このことだけでもあなたの印象と説得力はずいぶん変わってくるはずです。

※スマホを横向きで使うと、カメラのレンズは左右のどちらかにきます。そのときはやや斜め前からあなたを撮影することになるので、この時も、相手から見て視線の一致はありません。

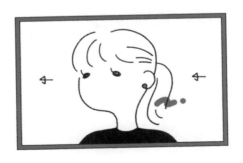

私の部屋は比較的明るいので問題ない ✕

　明るい部屋からの配信を考え、小会議室が選ばれる。これは良い選択でしょうか。できれば窓際がよいのですが、天気によっては光量が不安定。大抵は天井の照明がそのまま使われます。天井が蛍光灯ならば比較的優しい明かりが回り込むので、まずは合格点です。しかし照明器具が真上にあれば鼻下やあごの下に影が出て、せっかくの顔が美しくないということもあります。天井照明しかなければ、やや斜め前から当たる場所を選ぶのがよいでしょう。

　できれば補助照明を使うことをお勧めします。天井照明に加えて、1灯だと正面斜め45度くらいからの基本照明があれば顔も立体的になり、印象もよくなるでしょう。

瞳の中の白い点…何それ？
照明ムラ？　✕

　テレビのニュースキャスターの顔、ドラマや映画の登場人物のアップなどは「眼」が生き生きとして健康的に見えるでしょう。その理由のひとつは「キャッチライト」です。眼の中に見える白く、小さな光の点のことです。光源が眼に映り込んでいる証です。アニメや漫画の主人公の目にも、多くはこの「キャッチライト」が描き込まれています。

　小型の照明器具（リングライトなど）をうまく使って、瞳への映り込みを試みてみましょう。あなたの表情は俄然、積極的で自信に満ちたものに変化するはずです。

kira kira!

Chotto kowai…

⑤ あなたの顔のサイズ

ノートパソコンの前に座れば
それでスタンバイOKだ ✕

　画面越しにみえるあなたの姿は、多くは胸から上あるいは、立ってプレゼンするときは腰から上のサイズでしょう。とはいっても、実際にはパソコン内蔵のカメラのレンズの画角や、パソコンとの距離等によってさまざまです。10インチのタブレットや6インチ程度のスマホを使ってオンラインプレゼンをするとき、画面が小さいと、つい画面に近づいて話をしてしまいがちです。それはすなわちカメラのレンズに近づくということです。いきおい顔はアップになりがちです。大顔になれば画面には顔だけしか映らないので、印象は必ずしもよくありません。

　ニュース、報道番組、バラエティなどを見て出演者が映っているサイズを注意深く見てみましょう。あなたにとって不快感なく、自然に見えるサイズはどれでしょう。それらを参考にしながらプレゼンのときの自身の画面サイズをみつけてください。

もともとパソコンに付いているので
心配無用　✕

　オンラインプレゼンを簡単に実施するために、一般的にはノートパソコンの内蔵カメラを使います。ディスプレイの上部についている小さな円形の窓がカメラのレンズです。最近はフルハイビジョンの解像度をもつ小型で優れたものが付属しています。しかし機材によっては低解像度のものもあり、不用意についたレンズの汚れや傷に気づかず使うこともあるでしょう。あなたが聞き手にどのように見えているかは、なかなかつかめないものです。

　タブレットやスマホを使うと、画面サイズが小さいために、つい画面に顔を近づけ気味になります。つまり付属のカメラレンズにも近づくことになり、あなたの顔は「大写し」となってしまいます。レンズは比較的広角なので、顔もやや歪んできます。オンラインプレゼンで使用する機材はまちまちなので、自分の映り具合については、必ず相手に確認するとよいでしょう。

どこがマイクかわからないけれど、相手へ確実に声は届いているはず ✕

　カメラと同様にマイクも、パソコンに内蔵されたものを使うことがあります。このマイクのほとんどは無指向性マイクですからプレゼンターだけでなく、周囲の音も拾ってしまいます。パソコンには冷却用のファンも回転しているのでそれがノイズとなることもあります。プレゼンターとしては、自分の声を最高の状態で聞き手に届けたいものです。そのためには外付けの単一指向性のマイク、あるいは少し動きに自由度が出るタイピン型のマイクやヘッドセットなどを使うのがよいでしょう。

　外付けのカメラとマイクが一体となったものも多く販売されています。音声は聞き手の再現環境によって大きく変わります。PCのスピーカー、ヘッドフォン、外付けスピーカーなどで音質が異なります。プレゼンターは聞き手の視聴環境にはなかなか関与できませんが、少なくとも送り出しの段階では最も良好な音声であるべきです。

　対面の小さなプレゼン会場では肉声そのままであったり、大会場では音響装置が準備されていたりするので、あなたは何の心配もいりませんでした。しかしオンラインプレゼンでは、カメラも音声もプレゼンター自身がしっかり管理しなくてはいけません。

パワポを画面上で「共有」すれば
それで問題ない ✕

　ZOOMやTeamsなどのアプリには画面の共有機能があり、スライド資料などを参加者が各自の受信機材で見ることができます。多少、表示された資料の文字が小さかったとしても、参加者は画面に顔を近づけることで解決できます。大会場の対面プレゼンでは、後方の座席の人は正面のスクリーン上の文字は小さくなってしまいますが、オンラインプレゼンはその問題はあまりないようです。

　しかしプレゼンテーションによっては、資料の画面共有ではなく、実物や模型などをカメラの前に置かなくてはならないことがあります。1台のPCだけを使う場合はかならずこうなります。注意すべきは、手振れによる不安定な提示、レンズ前の照明不足、ピンボケなどがみられ、聞き手にとってはイライラする資料提示になります。しかも資料をもつ手や、背後に映っているあなたの顔など余計な情報が重なってきます。せっかく画面共有の機能があるならば、事前に撮影した写真・動画を用意しておけば、上記の問題は解決するでしょう。

オンライン講座は対面の時と同じペースで進行する ✕

　授業時間は小学校は45分、大学は90分が一般的です。もちろん対面の授業が前提となっていますが、オンライン授業でもこの時間は守られています。

　オンラインでのプレゼン、特に講演や研修では聞き手の緊張感を持続させるのは、大変むずかしいものです。プレゼンターも聞き手の状況を正確に把握するのは困難です。画面越しの小さな顔ですから、理解、疑問、納得、退屈などの様子は表情を通してつかむのは困難です。聞き手はビデオをオフにして音声だけに頼っていれば、その緊張状態はそう長く続かないでしょう。よほど関与度が高い人をのぞけば、長時間の視聴は続きません。

　そこでオンラインでは、「1時間に1回の休憩」の定石にこだわらずに、小テーマごとに小休止をとるという工夫が必要です。何度もリフレッシュする時間をとり、長時間のセミナーにも疲労をためずに付き合ってもらうことを考えましょう。

　あなたがセミナーで話をするとき、その時間は90分あるいは150分でしょうか。対面とはちがった心的状態を理解して、休憩による気分転換を頻繁に取り入れましょう。

部屋を片付けたので
後方が映り込んでも気にしない　✕

　オンラインプレゼンはどんな場所で行いますか。いまや入社面接もオンラインで行う時代となりました。入社希望者は大学の専用ブースから、あるいは自宅のリビングからの参加、場合によってはネットカフェから参加することもあるでしょう。

　あなたの背景には何が映っていますか。壁といっても色彩や模様は千差あり、書棚、カーテン、趣味のポスターなどなどが無造作に映り込んでいませんか。主役はもちろんあなた自身ですが、背景はそれを邪魔していませんか。余計な情報を極力抑えた背景が望ましいところです。もちろん相手によってはさりげない「演出」も必要です。背景もその人に関わるメタ・メッセージ（周辺情報の一部）なのです。

受信する機材の数だけ、
異なったあなたがいる。

　対面プレゼンテーションでは、あなたの存在は唯一です。その会場が会議室でも講堂であっても生身のあなた自身にすべての参加者の視線が注がれます。しかしひとたび通信回線を経由してオンラインプレゼンテーションが実施されると、表示端末の数だけ違ったあなたが存在すると思ってください。聞き手の受信端末の状態はまちまちです。画面サイズはもちろん、画質も音質・音量も均一ではないことを承知しておきましょう。そのためにせめて出力時点では適切に管理された映像と音声とを送りだしたいものです。

　対面プレゼンテーションでは気にも留めなかった「技術」要素が不可欠なチェック項目として出てきました。プレゼンテーションを成功させるためにまた、せっかく作り上げた企画書や報告書の内容を正確に伝えるために、そして「ノイズ」に邪魔されてあなたの存在が「劣化」しないように、オンラインならではの心構えを承知しておきましょう。

プレゼンテーションの応用

話す技術

　ことばとして発するメッセージには、ドキュメンタリー番組のナレーションのように、感情移入をできるだけ抑えて淡々と読み上げるものがあります。映像に託された事実をことばで補足するように、映像に寄り添っていて、ナレーターの思いが前面に出ることはまれです。ナレーションは情緒や感情を押し付けることなく、むしろ抑制のきいたトーンで話すことが多いでしょう。

　一方で、企画を通す、競合に勝つ、売り込むといったプレゼンテーションは、聞き手の気持ちを揺さぶり、同意、納得などをからめ、時に笑いを誘いながら引き込んでいくという、聞き手の感情操作が求められることもあります。プレゼンテーションのスピーチに両輪があるとすれば、そのひとつの「メッセージの内容」をいったん脇に置き、「話す技術」に注目して、どのように聞き手を誘導できるかを考えてみましょう。

　プレゼンテーションにおいて、ことばと一緒に表出される動作や態度、表情、ニュアンスなどをパラランゲージ（周辺言語）といいます。たとえば「頑張りましょう」と言いながらこぶしを上げる、「美味しいですね」と言いながら嬉しそうな表情をする、などの動作や表情がこれにあたりますが、ここではメッセージを補助する発話表現の「技術」に絞って説明することにします。

1．強調

　新聞や雑誌にはさまざまな書体が使われています。見出しにはゴシック体の極太の文字、白縁で囲まれた文字が写真の上に配置されることもあります。本文はほとんど明朝体で書かれています。企画書や報告書にはその本文の要点だけを拾い読みできるように、文中にアンダーラインが引かれることもあります。つまり、書きことばには、内容の重要度を表すいくつもの文字処理や加工の手立てがあるので、メッセージの強弱を表現しやすいともいえます。

　話しことばは「色付け」も「書体の太さ」も変えることができないために、強調すべきところは積極的に発話しなくてはいけません。強調とは単純に大きな声で話すことではありません。後述のようなトーンを変えることも一つの方法です。意識すべきはことばのアンダーライン、ことばのカギカッコ、ことばのゴシック体になっているか、ということなのです。

　あの講師の先生は4番目を強調していた「ような気がするなあ」…ではプレゼンターは失格です。聞き手が考えるひまはほとんどないのです。何が重要で強調すべきかという重要度の設定は聞き手ではなく、話し手側で確実に行わなくてはいけません。明らかに強調している、と聞き手が即断できることが求め

られるのです。特に固有名詞、数量、肯定・否定の区別、意味として重要な事項や用語などはいうまでもなく強調の対象です。

２．話の速度の決定

　話を聞きとれるスピードは個人差があります。しかしこれは聞き手の能力の有無だけではありません。プレゼンターの聞き手への寄り添い方の問題です。

　プレゼンテーションを行う時、その聞き手に関する情報は必ず事前に入手しておかねばいけません。聞き手の年齢、所属はもちろんのこと、興味、関心なども調べておきます。そうしてプレゼンテーションの内容の難易度や聞き手の理解度、予備知識等によって話の速度は調整されるのです。

　競馬の話を競馬ファンにするときは、少々早口でも、ほとんど話題についてくるでしょう。日本の選挙制度の話を中学生にするときはそうはいきません。内容が難解なために比較的ゆっくりと説明する必要があります。

　その他の速度決定の要素としては、題材の硬軟（政治経済の話題かあるいは芸能ネタか）、内容の日常性（素粒子の話題かリサイクル商品の話か）、表現の目的（選挙演説か結婚披露宴の司会か）、伝達意図（たとえば内容の本質に関わるのかあるいは「ジョ

ーク」で流す内容か）などがあります。

　話すスピードについては前述のコラム２を参照してください。かつて「NHK青年の主張」などのスピーチコンテストでは、1分間400字前後が標準でした。いまはテレビ番組やSNS動画などでもわかるようにかなり「早口」になっています。その速さであっても社会的に容認される時代になっています。

３．間(ポーズ)の設定

　間のとり方を大切にすることは落語の世界ではよく聞く話です。参考にしたいのは「タイミング」と「長さ」です。間は、プレゼンテーションの「メリハリ」に大きく影響してきます。

＜例１＞

・大リーグの大谷選手の好成績の理由は練習と睡眠だそうですね。

・大リーグの大谷選手の好成績の理由は練習と、（間）「スイミン」、だそうですね。

＜例２＞

・今月の特売商品は当社オリジナル掃除機で何と19,800円でのご提供です。

・今月の特売商品は当社オリジナル掃除機で何と、（間）19,800円でのご提供です

＜例3＞

・明日から土足厳禁なんて冗談じゃない！なんて言いません
　よ。事情はわかるし。

・明日から土足厳禁なんて冗談じゃない！（間）な〜んて言いま
　せんよ。事情はわかるし。

　あえて文字で書き起こすとこうなるでしょう。一瞬の間は、
つまり言葉が途切れた瞬間に緊張感を増幅したり、次のことば
への期待感を高めたり、不安感を煽ったり、あるいは意図的にス
トレスを与えるといった効果があります。

　間をうまく使えば、その前後を含めて印象的なメッセージに
なるでしょう。間の長さをどれくらいにするのかは、数字で表
すことはできません。落語や他人のスピーチなどの事例を参考
にしながら会得するのがよいでしょう。

4．緩急の変化

　重要なところは丁寧にゆっくりと、つなぎのことばや余談は
流しめにさらっと。そんな緩急の使い分けによって、聞き手は
内容の要点や、重要度の優先順位をつかむことができます。

　スピーチは終始、緊張感をもってメッセージを発し続けるだ
けでなく、時としてジョークを交えたり、余談をはさんだりす

ることがあります。本筋ではないので話す方も聞く方も、ある意味では気楽に共有できる時間でしょう。このようなときは、少々早口で軽妙な語り口にして、スピーチの「緩み」を演出します。聞き手には本題と余談とのスピード感の違いが無意識のうちに伝わり、プレゼンテーションの大きなリズムも生まれてきます。緩急を織り交ぜることで、単調になりがちなプレゼンテーションの流れに変化をもたせ本題がより引き立つことにつながります。

5．イントネーション

　技術的には、説得力を増すために抑揚を変化させることです。基本的には強調は上げ、控えるところは下げる、となります。

＜例1＞

・初めて食べた渋柿でしたが、まずいまずい。

・初めて食べた渋柿でしたが、（上げ気味に）マァ～ズイ（下降気味に）まぁ～ずい。

＜例2＞

・久保選手の今日のシュートは強烈な一撃でしたね。

・久保選手の今日のシュートは（上げ気味に）キョオ～レツな一撃でしたね。

<例3>

・断水でお風呂が使えなくってどうしようもないんです。

・断水でお風呂が使えなくって（下げ気味に）どうしようもな
　いんです。

　これらは、スピーチの内容とも関連してプレゼンターの表情
も併用されるでしょう。

6. 際立て

　まずそのセンテンスの中で最も重要な部分はどこかを即時的
に考えます。そこを際立てるために、その前後のどこを弱める
かを見極めます。際立ては強い発音、前後の間、反復、語調をか
える（ユーモラスな語りから一転して真面目に喋るとか）…など
比較的複合的な引き立て方の技術です。

<例1>

　地元当局などによると、①火事による焼失面積は約8平方キ
ロ・メートルで、500棟以上の建物が全半焼したそうです。火
はまだ完全に鎮火されておらず、②今日現在も西側の一部地
域と北部で消火活動が続いています。

<例2>

　先週福岡国際センターで開催されたeスポーツのイベントのこ

とです。戦闘ゲームの世界大会は異様な熱気に包まれていました。①Z世代を中心に、3,000席近い観戦席は満席です。②超人的なテクニックや好プレーが続出です。そのたびに、うぉ〜っという地響きのような歓声があがったのです。

　2つの例にはそれぞれ①②をつけています。メッセージをより印象的に伝えるためにどこを際立てるかは、聞き手の関心事やそのスピーチのテーマによって判断します。声の張りや太さの変化、速度、トーン、抑揚なども加わることで「その部分」が際立ってくるはずです。

7．強弱の交替

　先の強調の項とは逆の話法ともいえるでしょう。すこし高度な技術です。必ずしも強調を大声で示すとは限りません。重要だからこそ小声で、つまり聞き耳を立てないと聞こえない状態にして、聞き手の集中度を瞬間的に高める方法がこれです。

＜例1＞

・昨日の夜は出張で博多に来たのですが、中洲でいい店をみつけましたよ。

・昨日の夜は出張で博多に来たのですが、中洲で（小声で）いい店をみつけましたよ。

本来は「いい店」を強調するために、少し声を張って伝えたい
ところです。しかしそこを逆に声を殺しながら、聞き手の注意
をこちらに向けるのです。「間」を加えるとさらに効果的です。

　　・昨日の夜は出張で博多に来たのですが、中洲で（間）（小声
　　　で）いい店をみつけましたよ。

＜例2＞

　　・連続強盗の主犯はあいつに決まってるだろう。中村だよ。

　　・連続強盗の主犯はあいつに決まってるだろう。(小声で）中村
　　　だよ。

＜例3＞

　　・10万円の小切手が不渡り？こんなことがあっていいのかね。

　　・(小声で）10万円の小切手が不渡り？（普通に）こんなことが
　　　あっていいのかね。

　この強弱の交替は、スピーチの技術のみならず演技力も求め
られるでしょう。その分、メッセージは聞き手の感情に深く響
いてきます。

8．明暗の表現

　ことば全体に漂うムードを意図的に操作することによって、印
象度を変化させ、プレゼンテーションの効果を上げることです。

企画プレゼンでは提案の課題や問題点を列挙するときと、提案のメリットや特異点を説明するときでは、プレゼンターの気持ちや積極性も含めて、その違いがことばにも出てきます。それを「明・暗」と割り切ることは難しいですが、スピーチは明度100％から0％のグレースケールで表現すると想定しましょう。明暗の表現とは、たとえば常に明度80％でなく、あるときは30％を織り交ぜながらプレゼンターのスピーチの「雰囲気」に変化を持たせることをさしています。プレゼンテーションでいう「暗」はいうまでもなく気持ちの暗さではありません。いいかえれば控えめで抑制的な語りをいいます。自己制御された口調で押しなべて平静さが見える状態です。「明」の印象度はその対比によって変化してきます。「暗」の存在があるからこそ積極的で開放的、肯定的、前進的なイメージが際立ってくるのです。

9．硬さ、柔らかさの表現
　言い換えれば、シャープな喋り、甘い喋り、ホットな喋り、クールな喋りのような区別ができます。これらはプレゼンテーションのテーマや提案・説明の内容によって使い分けます。
＜例1＞
　富士山は2013年にユネスコの自然遺産に登録されて以降は、

従来にも増して登山者が増えてきました。

＜例2＞

白金にお住いのマダム御用達のビューティサロン。それは美しさへ誘うの至福の空間でもあるのです。

＜例3＞

ボリビアに拠点を置く特殊詐欺グループは、当局によって全員が逮捕された。2023年のことだった。誰一人として取り逃がすことはなかった。

＜例4＞

人気の島タイのプーケットはビーチ沿いに、高級リゾート、スパやレストランなどがずらり並んでいます。

＜例5＞

国土交通省と気象庁は、洪水の危険性が非常に高まっているとして、「氾濫危険情報」を出して厳重に警戒するよう呼びかけています。

どの例も同じように聞こえるスピーチにはならないことはおわかりでしょう。一人のプレゼンターが硬・柔の表現を使い分けることは大変ですが、内容を適切に情感をからめて、的確に伝えるためには必要な技術なのです。

10. 心理的なニュアンス

　気持ちを煽る、落ち着かせる、緊張感を増す、徐々に盛り上げる、徐々に落ち着かせる、混乱させる、賛同させる、ある方向に誘導する‥‥話し方にこのような情動的な雰囲気を織り込む技術のことです。聞き手の立場からすると大いに賛同する、不快に思う、感激する、ドキドキしてくる、悲しくなる‥‥となるでしょう。

　配布資料には「非常に頼もしく感じるイベントです」、「愉快な気持ちになるスイーツの盛り合わせです」、「二度と起きてほしくない残念なトラブルです」と書くことはできますが、頼もしさ、愉快な気持ち、残念な‥‥は文字面だけの表記です。その度合いや本気度などはなかなか伝わりません。この心理的なニュアンスこそ、企画書等の「書きことば」では表現が困難であり、「話し言葉」ならではの機能です。

11. 模写、象徴の技巧

　暗にほのめかす話、比喩的な表現、引用、例え、間接・直接話法などをプレゼンテーションの中に織りまぜるという表現技術です。文書では""や「　」あるいは文字下げ、『　』、フォントの変化などによって表現されています。

　・あいつはまるでコンピュータのように計算が早い。

　・人生はマラソンだ、と言い切るひとがいたなあ。

・高齢者のATMの利用について「引き出し、振込み共に"限度額"を設定します」ってある銀行が言ってたよ。

　文字にしたときには、このこのような表記から意図された表現を想像せねばなりません。落語家は声色をつかったり、一人で二役、三役をこなしたりすることによってこの技巧を使いこなしています。プレゼンターはこれを「少しだけ」参考にしながら、模写や象徴の表現にチャレンジしてみましょう。

12．相手の聴力に応じた変化の設定
　ここでいう相手の「聴力」とは理解力、心の準備、予備知識、専門性などをいいます。プレゼンテーションの話法は、聞き手のレベルを調査しそれに適切な喋りをマッチングさせていくことが大事です。さらにプレゼンテーションの時間経過において、聞き手の緊張状態の変化、興味の有無などを察知して、話題の置き換え、話法、リズムなどを変化させなくてはいけないのです。
　ここでも聞き手に関する事前調査の大切さがでてきます。相手を知らずしてプレゼンテーションは始まりません。聞き手に寄り添うとは聞く能力、聞くことへの関心、興味の度合い、問題意識などを踏まえた上で、プレゼンターがそれに合わせて適切にスピーチを変化させていくことなのです。自分のスピーチス

タイルを確立してそれを全うすることはよいことです。しかしプレゼンテーションを受け入れてもらい成功させるためには、聞き手の「聴力」を尊重することを優先すべきです。

　説得力を増すためには、これらの12の要素を単独で使うのでなく、複数の要素をうまく組み合わせながら話に「音楽的」要素を加味することも大切です。スピーチの音程、リズム、変化の強弱や速さなど。これは計算できる部分と、訓練によって会得し自然に発話される側面とがあります。必ずしも必要条件ではありませんが、ある種の「演技力」ともいえる要素が付加されるとプレゼンテーションの迫力と魅力度がより高まるでしょう。「話す技術」は話しの内容そのものを変えるのではなく、あくまでもメッセージの正確かつ効果的な伝達を目指すためのテクニックです。

おわりに

　皆さんが住んでいる自治体のトップのプレゼンテーションを見たこと、聞いたことがありますか。都道府県知事や市町村長のスピーチのことです。式典の挨拶や、記者会見、災害時のお見舞い、議会の質疑応答など、いろいろな場面があります。自治体のトップにふさわしいスピーチだと「自慢」できますか。あなたの所属する企業や団体の上司のプレゼンテーションを見ていますか。日常的な会議での発言がその一例です。首長や上司のプレゼンテーションは、ある意味で「触りようのない、否定しようのない見本」として接することがほとんどでしょう。もしそこに発表の技術やスピーチの構成についていくつかの疑問を感じたとしても、その人のスタイルとして聞き流し、「あの人らしいな」と個性に委ねて容認してしまいます。この無批判の精神こそ、あなた自身のスキルアップを阻む大きな問題点だと思います。

　諸先輩や同僚のプレゼンテーションを厳しい目で見ましょう。セミナーの講師や学校の先生の方の授業（という名のプレゼン）を批判的に分析してみましょう。これはいうまでもなくプレゼンターそのものを否定するのではありません。課題を見いだしプレゼンの完成度を高めるための「見極め感覚」を磨く一種のトレーニングです。

批判的に見る目・聞く耳をもつことが、プレゼンテーションへの問題意識を高め、自身に反映させるきっかけになるはずです。たとえば、声が小さい、話が長い、余談が多すぎる、文字が見えない、「えーと」が多くて耳障り、スライドのピントが合っていない、何故か心に響かない、事務的にしか聞こえない…チェック項目はいくつもあります。話を聞きながら、なおかつ同時にそれを批判的に見聞きすることは、たいへんなエネルギーをつかいます。しかしただ漫然と聞いていても、何らあなたの成長にとって有益でないことを考えると、これもまたプレゼンテーションのスキルアップのための訓練のひとつなのです。

　コロナ禍をきっかけにして、オンラインプレゼンも増えてきました。今後はひとつのプレゼンスタイルとして定着すると思います。しかしここには前述のチェック以外にも新たな注意点が見えてきます。たとえば画面上の顔が暗いとか、目線が正面を向いていないなどは自身で確認できるでしょう。さらに実際のアイコンタクトがないので、瞬間的につくりたい良好な人間関係すらできないかもしれませんし、双方向のライブ配信であったとしても聞き手の反応を正確につかむことは困難です。またカメラの画角を考えると、ボディランゲージや講師のさりげ

ない動きといった、カラダ全体をつかって存在感をアピールすることにも制約が出てきます。このプレゼンの新様式に対しては、画面をとおしてあなたが与える印象を適切に管理するノウハウを習得する必要がありそうです。

　きょうも記者会見、YouTube番組、イベント会場、セミナー、授業など全国でいろいろな「プレゼンテーション」が実施されています。つまりプレゼンテーションは実例と生きた教材にあふれたテーマなのです。あなたの問題意識次第では、世界中から「教材」を手に入れることができます。良い例、悪い例が混在していますが、見聞きする機会をつくることは、その良否を見極める、いわゆる「プレゼンテーション・リテラシー」を得るきっかけになるはずです。多くの事例に接すること、そしてそれらを厳しい目でみること、これはすぐにでもできそうですね。本書で書いた「逆説的な40項目」で「そうかもしれない」という先入観を見直すことも含めて、スキルアップを目指しましょう。

　最後に、本書を企画するにあたり、梓書院の井上恵さん、高取里衣さんには大変お世話になりました。多忙を理由に原稿が進まぬ事態にも、辛抱強く待っていただきました。読者の立場を考え適切な助言をいただいたり、編集上の課題もたくさん指摘

していただきました。ありがとうございました。本書のイラストを描いてくれたのはかつて私のゼミ生だった上田響子さんです。出版の趣旨に賛同して作画をかって出てくれました。おかげで文章の堅苦しさが和らぐことになりましたし、独特のタッチが全体の雰囲気を醸成してくれました。ありがとうございました。またいつものことながら、妻貴子の手厳しいコメントが執筆の励みになったことを付記しておきます。

参考文献・資料

脇山真治『プレゼンテーションの教科書(第3版)』日経BP社、2015

脇山真治他/日経ソリューションビジネス編『IT営業にすぐ活かせる〜 4つの技術と実践テクニック』日経BP社、2009

日本能率協会マネジメントセンター編『やさしい・かんたん プレゼンテーション(基本のキホン)』日本能率協会マネジメントセンター、2023

NPO日本プレゼンテーション協会編『プレゼンテーションの技術・基本ルール集』Independently published 、2022

佐藤綾子『オンラインでズバリ伝える力』幻冬舎、2020

堀公俊『オンライン会議の教科書』朝日新聞出版、2020

天笠淳『オンライン講座を頼まれたときに読む本』日経BP、2020

髙橋龍征『オンライン・セミナーのうまいやりかた』クロスメディア・パブリッシング、2020

吉藤智広・渋茶雄大『伝わるプレゼンの法則100』大和書房、2019

松上純一郎『PowerPoint資料作成プロフェッショナルの大原則』技術評論社、2019

マイナビ進学編集部編『実践!探求・グループディスカッション・プレゼンテーション』マイナビ出版、2019

松尾貴公・水野篤『あの研修医はすごい!と思わせる症例プレゼン』羊土社、2019

澤円『マイクロソフト伝説マネージャーの世界No1プレゼン術』ダイヤモンド社、2017

岸啓介『一生使えるプレゼン上手の資料作成入門』インプレス、2017

三谷宏治『ゼロからのプレゼンテーション』プレジデント社、2017

西原猛『ぐるっと!プレゼン』すばる舎リンケージ、2015

望月正吾『直感に刺さるプレゼンテーション』技術評論社、2015

松本幸夫『世界の頂点に立つ人の最強プレゼン術』総合法令出版、2013

ニック・バーリー『世界を動かすプレゼン力』NHK出版、2014

カーマイン・ガロ/土方奈美訳『TED驚異のプレゼン』日経BP社、2014

ナンシー・デュアルテ/熊谷小百合訳『スライドロジー:プレゼンテーション・ビジュアルの革新』ビー・エヌ・エヌ新社、2014

ジェレミー・ドノバン/中西真雄美訳『TEDトーク世界最高のプレゼン術』新潮社、2013

清水久三子『外資系コンサルタントのインパクト図解術』KADOKAWA/中経出版、2013

山口周『外資系コンサルのスライド作成術』東洋経済新報社、2012

サイモン・マイヤー、ジェレミー・コウルディ／池村千秋訳『スピーチの天才100人』阪急コミュニケーションズ、2010

スコット・バークン／酒匂寛訳『パブリックスピーカーの告白』オライリージャパン、2010

ロッシェル・カップ、渡邊ニコル『プレゼンなんて怖くない！』生産性出版、2006

NHKアナウンス・セミナー編集委員会編『新版／NHKアナウンス・セミナー』NHK出版、2005

竹内一郎『人は見た目が9割』新潮新書、2005

高橋征義『でかいプレゼン』ソフトバンククリエイティブ、2005

リズ・ウィール／門脇陽子訳『論理的で心に届く8ステップ説得術』講談社、2005

川崎和男『プレゼンテーションの極意』ソフトバンククリエイティブ、2005

杉田敏『人を動かすプレゼンテーション』PHP研究所、2005

佐藤綾子『プレゼンに勝つ！「魅せ方」の技術』ダイヤモンド社、2005

浅井宗海『プレゼンテーションと効果的な表現』SCC、2005

和田秀樹『人は見かけで決まる』PHP研究所、2005

眞木準編『ひとつ上のプレゼン。』インプレス、2005

中西雅之『なぜあの人とは話が通じないのか？』光文社新書、2005

藤原慎也『プレゼンの王道』秀和システム、2005

西野浩輝『5日で身につく「伝える技術」』東洋経済新報社、2005

高田貴久『ロジカル・プレゼンテーション』英治出版、2004

菅原健介編著『ひとの目に映る自己〜「印象管理」の心理学入門』金子書房、2004

髙嶌幸広『すぐ身につく・説明上手になれる本』PHP研究所、2004

堀田龍也編著『プレゼン能力をぐんぐん伸ばす！プレゼン指導虎の巻』高陵社書店、2004

黒川和夫『ビジネス・プレゼンテーションの要領と技術』同文舘出版、2004

五十嵐健『プレゼンテーションの勝ち方』日本放送出版協会、2003

佐藤綾子『非言語的パフォーマンス〜人間関係をつくる表情・しぐさ』東信堂、2003

藤沢晃治『「分かりやすい説明」の技術・最強のプレゼンテーション15のルール』講談社、2002

著者略歴

脇山　真治（わきやま　しんじ）

1953年福岡県生まれ。九州大学名誉教授、マルチ映像研究スタジオわきすた代表、一般社団法人展示映像総合アーカイブセンター代表理事。㈱博報堂勤務の後、九州芸術工科大学教授、九州大学教授を経て2019年より現職。専門分野はマルチ映像、展示映像アーカイブ、プレゼンテーション。プレゼンテーション研修講師多数。著書に『デジタルイメージクリエーション』(財)画像情報教育振興協会2001（共著）、『人工環境デザインハンドブック』丸善,2007（共著）、『IT営業にすぐ活かせる〜4つの技術と実践テクニック〜』日経BP,2009（共著）、『プレゼンテーションの教科書・第3版』日経BP,2015（単著）ほか。

自己流プレゼンテーションの落とし穴
プレゼンあるある　勘と経験と我流を斬る40の法則

2024年4月30日 初版第1刷発行

著　者　脇山真治

発行者　田村志朗

発行所　㈱梓書院

〒812-0044 福岡市博多区千代 3-2-1
TEL 092-643-7075

印刷・製本　モリモト印刷㈱

ISBN978-4-87035-803-4